清華
汇智文库
QINGHUA
HUIZHI WENKU

聚学术精粹·汇天下智慧

清华
汇智文库
QINGHUA
JIUZHI WENKU

服务不诚信行为的影响及顾客信任修复策略研究

| 龚金红　谢礼珊◎著

清华大学出版社
北京

内 容 简 介

本书针对服务诚信、信任、信任违背、信任修复等方面的研究文献进行了较为全面的梳理，在此基础上采用定性与定量相结合的研究方法，探讨服务不诚信行为的影响以及顾客信任修复策略的作用。本书首先通过内容分析法来研究服务不诚信行为的类型以及不诚信行为发生后顾客的心理反应，然后采用实验法来检验服务不诚信行为对顾客信任的影响机制以及信任修复措施的作用和效果。书中所呈现的研究方法和研究结论可以为服务营销领域的研究者以及旅游主管部门工作人员提供一些参考。

图书在版编目（CIP）数据

服务不诚信行为的影响及顾客信任修复策略研究/龚金红，谢礼珊著. —北京：清华大学出版社，2021.3

（清华汇智文库）

ISBN 978-7-302-56839-1

Ⅰ. ①服… Ⅱ. ①龚… ②谢… Ⅲ. ①服务业–企业信用–影响–顾客满意战略–研究 Ⅳ. ①F719

中国版本图书馆 CIP 数据核字(2020)第 225186 号

责任编辑：陆浥晨
封面设计：汉风唐韵
责任校对：宋玉莲
责任印制：丛怀宇

出版发行：清华大学出版社
　　　　网　　　址：http://www.tup.com.cn，http://www.wqbook.com
　　　　地　　　址：北京清华大学学研大厦 A 座　　　邮　　编：100084
　　　　社 总 机：010-62770175　　　　　　　　　　邮　　购：010-62786544
　　　　投稿与读者服务：010-62776969，c-service@tup.tsinghua.edu.cn
　　　　质 量 反 馈：010-62772015，zhiliang@tup.tsinghua.edu.cn
印 刷 者：三河市铭诚印务有限公司
装 订 者：三河市启晨纸制品加工有限公司
经　　销：全国新华书店
开　　本：170mm×230mm　　　印张：11.25　　　字　　数：171 千字
版　　次：2021 年 3 月第 1 版　　　　　　　　　印　　次：2021 年 3 月第 1 次印刷
定　　价：129.00 元

产品编号：068445-01

目录
Contents

I

第一章
研究概述

本章概述本项研究的目的、意义和范围。

第一节　研究目的和意义

诚信是社会交往的基本道德规范，也是企业商业伦理的重要内容（Rainborn，Payne，1990）。按照"功利论"的观点，企业应该为最大多数的利益相关者带来最大化的利益，而诚信正是协调各方利益关系、实现多方利益最大化的基本前提。从"道义论"的角度来讲，诚信是企业的道德义务，是企业理应遵循的伦理原则。在商业活动中，企业应该信守承诺、履行合约、据实以告。参照"德性论"，诚信是一种"美德"，诚信与否反映了一个企业的品行好坏。也可以说，诚信是企业面对道德困境时的一种态度，它体现在企业内部决策、管理活动，以及企业与外部利益相关者的互动过程中（Verhezen，2008）。当企业与利益相关者发生利益冲突时，是否以牺牲他者利益的方式来保全自身利益即反映了企业的诚信水平。

服务性企业的诚信体现在它与顾客的每一次服务接触中。企业的服务承诺和员工的服务行为都会影响顾客对服务诚信的判断，而服务诚信水平直接影响顾客对企业的信任感。从信任的动态发展过程来看，服务诚信有助于增强顾客信任，而服务不诚信则会造成顾客心理上的信任违背（Mayer，Davis，Schoorman，1995）。与能力不足造成的信任违背相比，服务不诚信行为造成的信任违背后果更严重，对关系的损害更大（Lewicki，Tomlinson，2003）。

在我国经济转型时期，由于市场机制的不成熟以及诚信体系的不完善，使得诚信问题在商业领域频频出现。服务过程中信息不对称以及多重代理关系的存在，更是增加了服务不诚信行为发生的频率。对于服务不诚信行为，很多企业还只将它当成普通的服务失误来处理，忽略了顾客的信任违背感受，以及随之而来的信任流失。事实上，服务不诚信行为并不等同于服务失误。在顾客看来，服务失误是一种服务绩效低于期望的差错行为（Hoffman，Bateson，1997），它有可能是企业不可控因素造成的（Wirtz，Mattila，2004），而服务不诚信行为是一种违背顾客正面期望的不道德行为，是企业可以控制的。服务性企业有必要了解顾客眼中的服务不诚信行为以及这一特定情境下顾客的心理反应过程，以便有的放矢地展开补救工作。

针对企业诚信问题，国内学者围绕诚信缺失的原因、诚信评价体系、诚信建设的内容、诚信文化的影响以及诚信领导等内容进行了探讨（郑向敏，吴纪滨，2004；姚延波，焦彦，胡宇橙，2013；姚延波，侯平平，2017）。其中，一部分学者以旅游业为研究对象，分析了企业诚信水平对顾客以及对旅游业行业形象的影响（田晶，2006；余芳 2011；张文静，张宏梅，2013）。总的来说，现有研究主要关注特定行业或企业的整体诚信度，而非单次服务行为是否诚信；侧重于强调诚信对企业行为及其自身利益（如销售绩效、竞争优势）的影响，却忽略了诚信对企业与利益相关者关系的影响。在企业—顾客关系层面，虽然企业诚信与顾客信任之间的逻辑关系比较明朗，但是对于不诚信行为如何影响顾客信任这一问题还需要进一步探讨。组织研究领域已有一部分学者开始关注组织内部信任违背的影响及其动态过程，并提出了相关理论模型（Lewicki，Bunker，1996；Lewicki，Tomlinson，2003；Elangovan，Auer-Rizzi，Szabo，2007），但实证研究数量较少，尚未得出一致结论。

本项研究首先通过定性研究来探讨服务不诚信行为的类型以及不诚信行为发生后顾客的心理反应，然后通过定量研究方法来检验服务不诚信行为对顾客信任的影响机制以及信任修复措施的作用效果。研究的目的和意义如下。

（1）归纳服务不诚信行为的类型，梳理顾客对服务不诚信行为的认知、情感和行为反应以及企业的应对措施。现有研究对特定行业中服务不诚信行为的类型进行了初步探讨，本项研究基于多个行业的顾客投诉资料进一步分析服务不诚信行为的具体表现，有助于企业全面了解顾客眼中的服务诚信问题。另一方面，目前有关信任违背的理论模型虽然可以为研究服务不诚信行为的影响提供参考，但缺乏实证研究的有力支持。本项研究通过定性研究梳理服务不诚信行为发生后顾客的认知、情绪和行为反应，可以为今后的实证研究构建一个整体概念框架。

（2）研究服务不诚信行为对顾客信任的影响机制以及企业声誉在其中的作用。服务不诚信行为会造成顾客心理上的信任违背。信任违背是信任动态变化过程中的特殊阶段，顾客对信任违背的心理反应不同于顾客信任的建立过程。信任建立是一个建立正面期望的过程，而信任违背是正面期望被破坏，甚至产生负面期望的过程。国内外学者围绕实体经营环境以及电子商务环境中的顾客信任展开了广泛研究，但有关信任违背和信任修复的研究却相对较少。现有理论研究认为，归因认知和情绪反应是信任违背和信任修复中的两个关键过程（Tomlinson，Mayer，2009），然而实证研究却发现，信任修复措施（道歉和承诺）对归因的一部分维度（如稳定性）主效应不显著，某些特定情绪（如害怕）对信任修复的影响也不显著（Tomlinson，2004）。除了归因理论之外，其他理论能否解释顾客信任违背和信任修复的作用过程？在实证研究尚不充分的背景下，探讨服务不诚信行为对顾客信任的影响机制有助于丰富有关顾客信任违背的研究。

（3）探讨服务性企业一线员工的即时修复措施，包括解释性沟通、努力程度和修正性结果，对信任修复的影响。服务不诚信行为发生后，如何减少信任流失，如何修复顾客信任，也是企业管理者非常关心的问题。有关产品危机及其信任修复的研究对各种修复策略的作用效果进行了比较分析（Kim, Ferrin, Cooper，等，2004；Dirks, Kim, Cooper，等，2005；方正，江明华，杨洋，等，2010；张正林，庄贵军，2010），但是对服务不诚信行为的处理，既不能像制造型企业对待产品质量缺陷那样采用召回、退货、更换等做法，也不能完全照搬危机公关管理模式由企业高层管理者公开作出解释、道歉或承诺。相比之下，一线员工的即时应对可能是服务性企业信任修复过程中至关重要的一环。本项研究通过实证研究来探讨一线员工的即时应对措施对顾客信任修复的影响，以便为服务性企业的管理实践提供一些建议。

第二节 研 究 范 围

一、研究内容

目前有关信任违背的实证研究，检验了不同类型的信任违背事件以及施信方特征对信任流失的影响，而本项研究集中关注诚信型信任违背事件，主要探讨服务不诚信行为对顾客信任影响的中间机制。在本项研究中，我们对服务投诉内容和顾客访谈内容进行分析，归纳服务不诚信行为的类型及其造成的顾客信任违背反应（认知、情绪、行为），探讨可能发挥信任修复作用的企业应对措施。在此基础上，提炼出关键概念，构建理论模型，并通过情境实验法来检验相关变量的主效应和中介效应。

有关信任修复的实证研究侧重于比较道歉、否认、回避、经济补偿、监督等不同修复策略的作用效果，但是哪种策略更好实际上是因情境而异的（袁博，董悦，李伟强，2017）。本项研究不再比较各种策略孰优孰劣，而是从信任修复策略的实施过程来考虑，分析服务人员的解释性沟通、努力程度以及修正性结果对顾客信任修复的影响。在服务接触过程中，无论不诚信行为的责任被归因于企业还是归因于员工个人，顾客首先与之对话的都是服务一线员工，因此本项研究中信任修复措施的实施主体是企业员工，而非企业管理者。

二、研究范围

首先，在定性研究阶段，本项研究搜集了旅游服务、零售服务、出行服务、房产中介服务、通信服务、快递服务等多个领域的顾客投诉，对服务不诚信行为的类型、顾客对企业的诚信评价、顾客的投诉诉求以及企业的应对措施进行归纳分析。其次，以旅游服务为例，通过深度访谈来了解服务不诚信行为对顾客的影响、顾客期望的信任修复措施以及后续信任意向。最后，在定量研究阶段，我们以旅游服务作为实验情景进行实证研究，检验服务不诚信行为对顾客信任影响的中间机制以及一线员工的即时应对措施所发挥的信任修复作用。

本项研究将旅游服务作为主要研究对象是基于以下几点原因。

（1）旅游服务中存在多重委托代理关系，如顾客委托组团社，组团社委托地接社，地接社委托地陪导游，企业很难控制所有服务提供者的投机行为，所以诚信问题极易出现。

（2）从现实情况来看，近年来关于旅游服务的投诉量屡增不减。投诉内容包括旅游行程中降低服务标准、旅行社未经游客同意擅自更改行程，在线旅游服务商单方面取消订单等，服务不诚信行为是导致顾客投诉增加的主要原因。

（3）服务不诚信行为的频频发生给旅游业的整体形象蒙上了一层阴影，也让消费者对旅游企业越来越不信任。尽管旅游主管部门努力通过旅游合同管理、导游人员管理以及诚信制度建设来提升行业整体服务质量，但社会公众对旅游业的信任度仍处于比较低的水平。从微观层面来分析服务不诚信行为对顾客与企业关系的影响，探讨不同应对措施的信任修复作用，有助于旅游企业做出合理的应对，挽回企业形象。

三、研究过程

本项研究主要分为以下几个步骤。

（1）文献研究。查阅国内外有关诚信、信任、信任违背及信任修复的文献资料，对现有研究成果进行梳理和评述。

（2）投诉内容分析及访谈研究。从人民网旅游"3·15投诉平台"以及新浪网旗下"黑猫投诉"平台，搜集了76份投诉资料，并对33位受访者进行访谈，采用内容分析法归纳服务不诚信行为的类型、顾客对服务不诚信行为的反应、企业的应对措施以及顾客期望的企业应对措施。

（3）定量研究模型的构建。在文献研究和内容分析的基础上，提出定量研究的概念模型，并阐述其理论基础。

（4）定量研究。通过两个实验设计来检验概念模型和研究假设。实验一探讨不同企业声誉条件下，服务不诚信行为严重性对顾客信任的影响，并检验顾客心理契约违背的认知成分（感知的承诺未满足、感知的背叛）和情绪成分（失望情绪、愤怒情绪）在其中的中介作用。实验二探讨服务员工的解释性沟通、努力程度以及修正性结果对顾客后续信任的影响，并检验顾客心理契约违背在其中的中介作用。

（5）研究结论。综合定性研究和定量研究结果，总结服务不诚信行为的类型、影响以及服务一线员工在信任修复中的作用；总结本项研究的贡献和局限，提出未来研究方向，并针对服务性企业的服务管理实践提出建议。

整体研究路线图如图1-1所示。

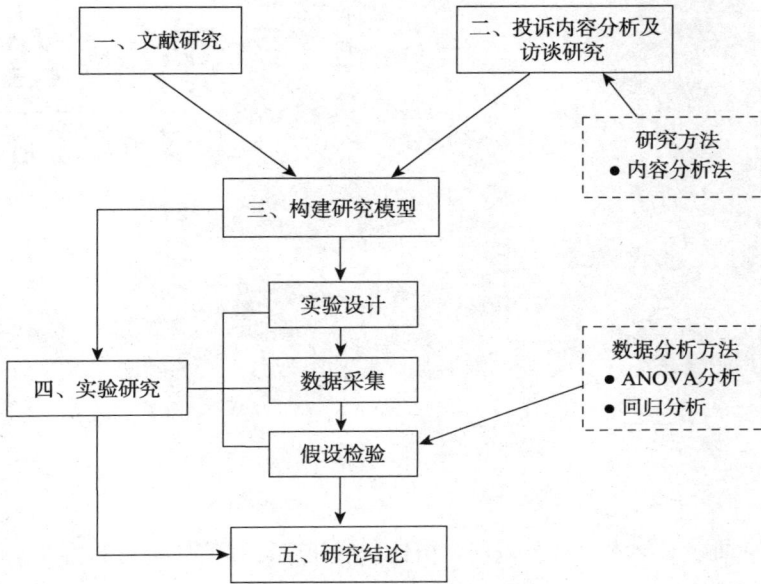

图 1-1 研究思路图

本章回顾了学术界有关诚信、信任、信任违背和信任修复的研究文献，分别对服务诚信的内涵、顾客信任的定义、诚信与信任的关系、信任违背的动态过程、信任修复策略以及信任修复的理论模型进行梳理。

第一节　服　务　诚　信

一、诚信的概念

诚信是一个使用广泛且内涵丰富的概念。现有文献中对诚信（integrity）这一概念的使用大致分为两类。一类是从伦理学的角度将诚信作为一种品德、一种道德规范；另一类是从心理学的角度将诚信作为一种性格特质。

（一）诚信作为道德范畴

在中国传统文化中，"诚"和"信"既有不同的含义，又可以互相连用（陈延斌，王体，2003）。"诚"是真实存在、无妄无伪的意思。"信"是指诚实不欺、讲信用、守诺言。"诚"与"信"有着密切的联系，"诚"是人内在的德性，"信"则是诚的外在表现，二者互为表里。联结为一个词，"诚信"表述的是人诚实无妄、信守诺言、言行一致的美德（焦国成，2002）。

在西方文化中，诚信同样被看作是一种内在德性。奥迪（Robert Audi）和墨菲（Patrick E. Murphy）认为，诚信是一种附属性的德性（adjunctive virtue）。与诚实、公正、仁慈等实质性的德性（substantive virtue）不同，诚信本身无所谓道德上的好坏，但却是实现道德正义所必须具备的要素（Audi，Murphy，2006）。帕兰斯基（Michael E Palanski）和雅玛里诺（Francis J Yammarino）通过文献研究归纳了"诚信"的五种不同用法，以德性论为基础将诚信定义为行为主体在言行上的一致，而将其他类似的品德（如本真性、诚实、可信、公正、同情）看成是诚信的边界条件（Palanski，Yammarino，2007）。也就是说，诚信的核心是言行一致，但这些言语、行动、价值观念的内容应该符合诚实、公正等道德规范。

（二）诚信作为人格特质

在心理学领域，诚信被视为一种稳定的人格特质。关于诚信人格的探讨，西方学者早期的研究多是将诚信（integrity）等同于诚实性（honesty），20 世纪60—70 年代后逐渐将诚信的内涵延伸到个性的其他相关成分（主要集中于"可信赖性"），90 年代后又进一步延伸到个体的"责任意识"等方面（陈丽君，王重鸣，2002）。直接用于人力资源招募的诚信人格测试，其内容更是丰富，包括责任心、工作承诺、一致性、对暴力的遵从、道德推理、敌意、工作伦理、可靠性、动力水平等一系列要素（Sackett，Burris，Callahan，1989；Camara，Schneider，1994）。

针对中国人的诚信人格结构，国内学者采用了多种研究方法来探讨。陈劲（2007）基于词汇研究法得出，现代中国人的诚信心理结构包括严谨性、宜人性、友善性、公正性四个正性取向维度以及虚假、自私、世故、钻营四个负性取向维度。赵子真等人（2009）采用类似的研究方法发现，诚信人格包括实干重义、诚实信用、公正无欺、忠实可靠四个正性取向维度，以及自私欺人、钻营世故、多谋寡信、虚伪不实四个负性取向维度。李世娟（2010）通过问卷调查了解企业人员对诚信人格的看法，得出的结果是诚信人格分为善良淳朴、诚实信用、守法敬业，乐观无私四个维度，不诚信人格分为自私乱纪、浮躁散漫、虚夸不实、阴险狡诈四个维度。吴继霞和黄希庭（2012）基于访谈法的质性研究结果表明，诚信由诚实、信用、责任和责任心四个因素构成。尽管上述研究没有得出完全一致的结论，但是可以看到诚实、守信是诚信人格的基本内容。

诚信既是一种个人道德品质，又作为一种道德规范存在于关系层面和社会层面。王劲和白义香（2001）认为，诚信是以主观的形式存在于道德生活主体内部，又以客观的要求贯通于人与自身、与人、与自然、与社会的多重交互作用关系中，规定并维持它们之间的和谐存续，而达成恒久的心理契约。随着社会的发展，诚信已成为一种普遍意义上的道德规范（洪波，2003）。如果说传统诚信观主要是调节特殊个体（朋友、熟人）之间的非利益交换关系，现代诚信理念则是调节个体与个体、个体与群体或组织之间的利益交换关系（黄明理，2003）。

二、组织诚信

（一）组织诚信的内涵

国外学者认为，组织诚信是指组织持续不断地坚守道德原则，采取负责任的行为，保持言行一致，并在行为和行为原则上具有一贯性（Maak，2008）。它不但要求组织的行动遵守原则，而且这些原则还应该是被广泛接受的合理原则（Verhezen，2008），是在社会交往中衍生出来并经过不断验证和强化的社会共识，符合人们对公平和公正的理解（Habermas，1998），具体包括诚实合法经营、遵守公平原则、尊重基本人权、履行承诺等（Chun，Shin，Choi，等，2013）。诚信度高的组织往往表现出以下特征。

（1）员工可以公开自信地讨论某个行动的伦理影响。

（2）制定了道德决策的程序并提供结构性支持。

（3）建立和保持一种开放的、有责任感的、有多重业务目标的企业文化。

（4）重视员工的发展（Kayes，Stirling，Nielsen，2007）。

如果用一种整体观（holistic view）来看组织诚信的要求，则不仅包括个人层面和组织层面的内容，还涉及文化层面、社会层面，甚至自然层面的内容。它要求企业处理好与利益相关者以及社会经济体系中其他成员之间的关系；确定有价值的经营宗旨，并保持言行一致；在文化上具有开放性和兼容性；积极促进社会合作，并为生态环境的改善作出贡献（Brown，2006）。

国内学者认为，组织诚信是一个多维度的概念，既是道德规范又是隐性的社会契约，它是企业契约关系得以正常维持的基本道德规范，也是企业对顾客、职工、同行、社会履行市场契约时一种体现为责任心的理性精神（肖荣智，2009）。邓健和任文举（2009）从利益相关者视角探讨了旅游企业诚信的概念维度，他们认为旅游诚信是旅游企业在开展生产经营及其他相关旅游活动时，对相关各方，即利益相关者信诺守行，内容由企业的经济信用、经营管理、社会信用、人力资源信用、成长能力及发展前景共同构成。姚延波、张丹和何蕾（2014）将旅游企业诚信提炼为三个维度，即规范诚信、能力诚信和情感诚信。规范诚信包括制度诚信、经济信用和合规情况；能力诚信是指标准化规范之外受人的主观能动性影响的诚信，主要由员工诚信和领导诚信组成；情感诚信由品牌信用和持续诚信构成，前者包括企业文化、企业等级资质、企业形象、企业声誉和诚信记录等要素，后者包括服务补救、服务跟踪和服务创新等要素。

（二）诚信领导与组织诚信

领导者的个人诚信是组织诚信的重要影响因素。尽管不同文化背景中诚信领导的内涵有所差异，但行为与价值观一致、言行一致、公平公正、诚实、以个人道德准则或价值观为指导，这些都是诚信领导的共同特征（Martin，Keating，Resick，等，2013）。诚信领导会影响员工感知的组织诚信。企业高层领导会涉及一系列与企业内部和外部环境相关的事物，包括制定企业战略、创建并传递企业愿景、目标，以及建立并维系企业文化等（王辉，忻榕，徐淑英，2006）。在这些活动中，领导者个人的道德价值观起着关键的导向性作用。金杨华等人

（2016）通过研究发现，高层领导的伦理型领导行为能够提升组织的整体伦理行为，进而影响员工对组织诚信的感知。可以说，组织的诚信建设始于高层管理者的诚信经营理念，高层管理者要构建以诚信为核心价值观的企业文化，并使之制度化，然后通过开放式的对话、辩论、参与、互动来培养员工的诚信品格（Verhezen，2008）。

领导者诚信会促进企业内部诚信氛围的形成（上行下效），但是即使企业树立诚信价值观并建立道德准则，也不能保证员工一定会遵照执行。对顾客作出虚假承诺、向媒体或公众提供虚假信息、向投资者提供虚假信息、对供应商不诚信或不公平等有违道德的行为，仍广泛存在于工作场所（Kaptein，2003）。现有研究文献强调了领导者诚信在企业内部对员工工作行为和工作绩效的影响（Elsetouhi，Hammad，Nagm，等，2018；Palanski，Yammarino，2011；崔子龙，李玉银，张开心，2015），却较少考虑企业在与其他利益相关者互动过程中的诚信问题及其影响，仅有一部分研究将诚信看作是变革型领导的预测变量，将它与组织的社会责任实践联系起来（Veríssimo，Lacerda，2015）。

（三）组织诚信的影响

一些学者通过实证研究检验了企业诚信文化对企业经济行为、商业信用、竞争优势、企业发展的影响，或者探讨企业诚信行为对产品销售的影响。姜付秀、石贝贝和李行天（2015）以沪深证券市场 A 股上市公司为样本进行研究，发现以"诚信"作为企业文化的企业，其盈余管理水平更低；无论是对正向盈余管理还是负向盈余管理，"诚信"都能发挥一定程度的抑制作用。翟胜宝、李行天和徐亚琴（2015）采用同样的方法研究发现，诚信文化具有传递企业诚信品质信号的作用，有利于增加供应商对公司的信任水平，降低信息不对称和道德风险水平，从而提高企业的商业信用水平。谢凤华和宝贡敏（2005）将企业诚信分为信用水平、品牌和利益相关者信任三个维度，将竞争优势分为销售业绩、发展潜力和管理绩效三个维度，探讨二者之间的关系。研究发现，信用水平对销售业绩的影响不显著，对发展潜力和管理绩效的影响显著；而且，信用水平对发展潜力的影响要大于对管理绩效的影响；品牌和利益相关者信任对企业竞争优势（销售业绩、发展潜力、管理绩效）有显著影响，其中品牌对销售业绩的影响胜于利益相关者信任，而利益相关者信任对企业发展潜力和管理绩效的作用强于品牌。王翠菲（2014）以保险销售人员为调查对象的研究显示，诚信文化建设对关乎企业发展的诸多领域，例如员工的事业心态、诚信态度、规范销售行为，企业管理支持、信用评级制度、品牌声誉以及公司销售团队发展等，均有较强的促进作用。李森和刘媛华（2012）以"三鹿奶粉事件"为例，通过实证研究来检验企业诚信行为对产品销售的影响。研究结果显示，严重的失信行为将使企业失去大量消费者，直接影响企业的产品销售，给企业带来巨大经济损失；即使是小的失信行为，时间久了也会使大量消费者不再购买该企业生产的产品，最终影响企业的生存和发展。不难看出，上述研究多是强调组织诚信对企业自身利益的作用，较少论及组织诚信对利益相关者的影响。

作为一种理性工具形式，组织诚信有利于增强组织的可持续性、降低法律和声誉风险；组织诚信声誉所创造的组织善意可以在危机时期发挥政策保障作用（Verhezen，2008）。然而，仅将组织诚信视为对组织自身利益有用工具的理性观念，没有体现出超越个人和组织自身利益的道德正义。一个组织的成功是建立在与诸多利益相关者维持良好关系的基础上，这些利益相关者的目标不仅仅是利润最大化或者其他一些技术导向的目标。企业应该将组织诚信的价值扩展至利益相关者，乃至整个社会。从内在道德价值上看，组织诚信的作用不只在于组织的盈利目标，更是一种保证组织合法性的社会契约。因此，对于组织诚信影响的分析也不能局限于企业自身的利益结果，而应该从多方面考虑组织诚信对企业契约关系方的影响。

三、服务诚信

（一）服务诚信的概念

服务诚信的首要内容是履约践诺。服务性企业不仅要履行以广告、宣传小册子、合同等书面形式或以员工口头形式向顾客做出的显性承诺，更要履行它通过象征手法或行为方式做出的隐性承诺。其次，服务人员的诚信品质也是企业维护服务诚信的基础。顾客通常会根据服务人员所表现出来的服务技能、言行举止和情感来评价企业的服务。员工缺乏诚信，就会破坏企业与顾客之间的合作关系，企业就不可能在顾客心中建立诚信形象。另外，服务诚信还包含了对顾客诚信的要求（吴清津，2002）。顾客应对服务提供者诚实和公平，包括向服务性企业提供准确和充分的信息，遵循他在交易达成时向服务提供者做出的约定。本项研究中，服务不诚信是指服务提供者的不诚信，包括服务性企业和服务人员在与顾客接触过程中的不诚信行为。

（二）服务诚信的相关研究

围绕服务诚信问题，国内学者进行了一系列理论研究，现有研究成果主要集中在旅游领域，具体内容包括诚信缺失的表现、诚信缺失的原因、诚信问题的治理对策以及服务诚信对顾客关系的影响等。

1. 服务诚信缺失的表现

按照作用对象的不同，可以将服务性企业的不诚信行为分为对顾客的不诚信行为和对其他企业的不诚信行为。有关旅游诚信问题的研究表明，旅游企业对旅游者的诚信缺失主要表现为违反旅游合同、降低服务标准、出售假冒伪劣产品以及价格欺诈，而旅游企业之间的诚信缺失主要包括违约、拖欠款和不正当竞争（郑向敏，吴纪滨，2004）。王瑜和陈健平（2008）将旅行社诚信缺失的形式分为三类。第一类是不正当竞争，包括恶性削价排挤行为、不正当委托行为、假冒行为、引人误解的虚假宣传行为、侵犯商业秘密、通谋排挤及商业贿赂行为。第二类是消费欺诈，包括价格欺诈、合同欺诈和服务欺诈。第三类是关联交易欺诈，包括还款欺诈（恶意拖欠款）和承揽欺诈。张文静和张宏梅（2013）综合考虑行为主体和行为对象，将旅行社的不诚信行为分为三类，分别是旅行社自身不诚信行为、旅行社之间/与旅游景点之间/与酒店之间的不诚信行为、旅行社员工不诚信行为，其中既包含了企业层面的不诚信行为，也包括员工层面的不诚信行为。

2. 服务诚信缺失的原因

服务诚信问题的不断出现，既有社会层面、制度层面和企业层面的原因，也有服务交易自身特点的原因。王丽华和张宏胜（2004）认为，整个社会缺乏市场经济所要求的信用文化环境，导致企业的失信成本过低。在制度层面，产权制度的不合理、法律体制的不健全以及信用体系的不完善，使得企业"守信"的动力不足且对失信受罚抱有侥幸心理。当然，企业自身缺乏诚信意识也是企业诚信缺失的重要原因（向英，2006）。除此之外，服务中信息的不对称以及契约的不稳定性也容易诱发失信行为。例如，在旅游服务中，旅游者对旅游产品信息的了解不如旅行社，信息不对称使旅游者在交易过程中处于劣势（郑向敏，吴纪滨，2004）。

3. 服务诚信问题的治理

对服务诚信缺失的治理，可以从宏观和微观两个层面入手。宏观层面主要是建设诚信评价体系，而微观层面则可以通过企业家诚信模范作用、企业内部的诚信教育以及诚信奖励制度，建立企业的诚信自律机制（郑向敏，吴纪滨，2004）。张付芝等人（2006）就旅游行业来说认为，应该用制度来约束失信行为，建立以旅游信用信息征集、旅游信用状况调查、旅游信用评价、旅游行业自律、旅游诚信激励与惩罚制度和政府监管为主要内容的旅游业信用体系。王瑜和陈健平（2008）进一步指出，可以从社会信用监督、执法、行业自律、导游佣工管理、企业自律等5个层面上来重构旅行社的诚信体系。

建立企业诚信评价体系，有助于对服务诚信问题进行有效监督与管理。姚延波、焦彦、胡宇橙（2013）认为，旅游企业的诚信评价体系包括3个一级指标、10个二级指标、32个三级指标。一级指标分为诚信事实、诚信绩效和诚信努力三类。根据旅游企业与不同利益相关者的交互关系，诚信事实被分解为金融诚信、服务诚信、商业诚信、雇佣诚信和公共诚信5个二级指标。其中，金融诚信是相对于融资机构而言的，服务诚信是相对于游客，商业诚信是相对于同行、行业协会及合作伙伴，雇佣诚信是相对于员工，公共诚信是相对于政府和社会。从游客的角度来看，旅游企业的服务诚信可以从"员工诚信""信息宣传合规""品牌信用"三个方面来评价（姚延波，侯平平，2017）。

4. 服务诚信对顾客关系的影响

田晶（2006）通过调查苏州地区旅行社的诚信现状来探讨旅行社诚信与游

客感知的价值、满意感及行为意向之间的关系。研究结果显示，旅行社诚信由收费合理、宣传真实、服务守诺、景点规范以及导游服务 5 个维度构成；旅行社的诚信度对游客感知价值、满意感及行为意向有显著的正向影响。余芳（2011）针对厦门地区旅行社的研究，也得出了类似结论。

总的来说，现有研究对服务诚信缺失的影响以理论阐述为主，实证研究数量较少；研究对象以旅游企业为主，侧重于关注企业的整体诚信度如何，而非单次服务行为是否诚信；对服务不诚信行为的分类主要依据媒体报道出来的诚信问题，基于顾客视角的研究不多。本项研究着重关注服务性企业对顾客服务过程中的不诚信行为，从顾客视角来界定、归纳服务不诚信行为的类型，并通过实证研究来探讨服务不诚信行为对顾客信任的影响。

第二节 顾 客 信 任

一、信任的定义

从心理学角度来看，信任是一种相对稳定的人格特质，是个体对他人言辞、承诺、口头或书面陈述可靠性的普遍期望（Rotter，1967）。这种普遍期望源于个人对以往经历的认知，如果过去对他人的信任期望曾得到实现，信任期望就会被强化，从信任一个人"普遍化"到信任另一个人。按照理性主义的观点，信任是个人基于自身利益的一种理性选择，只有对自己有利时，人们才会选择信任。为了不错付信任，人们会事先对他人进行大致的了解，形成一个关于他人是否可信的概率判断，只有在可信概率较高时才会选择信任（Dasgupta，1988）。社会学研究认为，信任是由文化决定的。所谓信任，是同一个社团中成员对彼此常态、诚实、合作行为的期待，其基础是社团成员共同拥有的规范以及个体在社团中的角色（Fukuyama，1995）。按照制度主义的研究范式，制度才是信任的基础，在不太了解对方信息的情况下，制度尤其是法律制度，为人们的信任提供了重要基础（Luhmann，1979）。综合不同研究领域中比较有代表性的观点（如表 2-1 所示），信任存在于不确定性和风险情境下，是一方对另一方的预期，是一种基于预期而形成的态度或信念。

表 2-1　信任的定义

研究者	时间	研究领域	对信任的定义
Deutsch[1]	1960	心理学	一个人对某件事的发生具有信任是指，他期待这件事的出现，并且相应地采取一种行为，这种行为的结果与他的预期相反时所带来的负面心理影响大于与预期相符时所带来的正面心理影响
Rotter[1]	1967	心理学	信任是个体对另一个人的言辞、承诺及口头或书面陈述可靠性的一般期望
Barber[2]	1983	社会学	信任是一系列通过社会交往习得和证实的期望，包括人们对他人、对所处的组织和制度以及对维持他们生存的自然、道德和社会秩序的期望
Lewis，Weigert[2]	1985	社会学	信任是基于对所有行动者能力和称职的信心而承担行为风险
Gambetta[2]	1988	经济学	信任（或不信任）是一个行动者评估另外一个或一群行动者将会进行某一特定行动的主观概率水平
Hawes，Mast，Swan	1989	营销学	信任是在不确定和存在风险的状态下，对另一方行为和信息的依赖
Moorman，Deshpandé，Zaltman	1992	营销学	信任是对所信赖的交易方的依赖意愿
Wrightsman[1]	1992	心理学	信任是个体特有的对他人的诚意、善意及可信性的普遍的信念
Hosmer	1995	心理学	信任是个体在面临一个预期损失大于预期得益的不可预料的事件时，做出的一个非理性的选择行为
Mayer，Davis，Schoorman	1995	组织领域	信任是指一方基于对另一方行为的正面期望，宁愿放弃监督或控制，使自己处于脆弱、易受伤害的状态
Robinson	1996	组织领域	信任是对他人未来行为可能是有利的、有益的，或者至少不会有损自己利益的期望、假定或信念
Doney，Cannon	1997	营销学	消费者对销售人员可靠（credibility）和善意程度的感知
Rousseau，Sitkin，Burt，等	1998	心理学	信任是一种心理状态，包含一方基于对另一方意图或行为的正面期望而形成的信任意向

资料来源：① 郑也夫. 信任论[M]. 北京：中国广播电视出版社，2006.
② Kramer R M. Trust and distrust in organizations：Emerging perspectives，enduring questions[J]. Annual Review of Psychology，1999，50：569-598.

目前有关信任违背和信任修复的研究，主要引用梅尔（Roger C Mayer）等人或卢赛尔（Denise M Rousseau）等人对信任的定义，认为信任是一种心理状态，是一方基于对另一方意图或行为的正面期望而宁愿放弃监督或控制，使自己处于脆弱、易受伤害的状态（Mayer，Davis，Schoorman，1995；Rousseau，Sitkin，Burt，Camerer，1998）。施信方对受信方所形成的坚定的正面期望，实质上是一种信任信念，而愿意让自己处于易受伤害的风险状态是施信方对受信方的信任意向。信任信念和信任意向是信任的两个组成部分，信任信念影响信任意向的形成（McKnight，Cummings，Chervany，1998）。如果施信方认为受信方有能力、有善意且诚实可信，就会愿意相信对方。

二、顾客信任

顾客信任是指顾客对交换关系中交换对象可靠性和诚信的信心（Morgan，Hunt，1994）。由于交换关系存在多个层级，按照指向性可将顾客信任分为顾客对企业的信任以及对员工的信任（唐庄菊，汪纯孝，岑成德，1999）。前者也被称为企业"公有"信任，而后者被称为员工"私有"信任（付晓蓉，谢庆红，周南，等，2015）。员工"私有"信任是员工与顾客之间长期互动形成的人际信任，而企业"公有"信任是顾客对企业可信度的判断以及接受与企业交易可能带来风险的意愿。这两种信任形成的基础不同（付晓蓉和谢庆红，2010），对顾客与企业关系的影响也不同，但是员工"私有"信任可以转化为企业"公有"信任。

也有学者从品牌层面来探讨顾客信任问题，他们将品牌信任定义为在众多品牌中，消费者对某一品牌所持有的有信心的态度（金玉芳，2005）。这里的态度是指认知性态度，包括对品牌能力表现和诚实善良的信任以及在此基础上形成的总体信任。能力表现是指某品牌能够始终如一地表现得比其他品牌更好；诚实善良是指某品牌会考虑消费者的利益，不会欺骗消费者；总体信任是指在能力表现和诚实善良基础上形成的对品牌整体上有信心的一般性态度。本项研究中，顾客信任是指顾客对服务性企业的信任，而非顾客对员工的人际信任或者品牌信任。

有关顾客对企业信任的研究可以分为两类。一类是前因性研究，通过实证研究探讨信任的前因变量；另一类是机制性研究，主要从理论上探讨信任建立的基础（Ali，Birley，1998）。

（一）前因性研究

信任的前因变量主要涉及三个方面。

①受信方的特征，包括能力、善意、诚信以及具体的行为等属性。

②施信方的特征，包括经验因素、对他人的信任倾向等。

③双方互动的特征，包括沟通、交往的频次、共同的价值观等。

对服务性企业而言，企业声誉、服务承诺、服务质量以及第三方因素是影响顾客信任的重要因素。

无论是 B2B 还是 B2C，无论是线上交易还是线下交易，企业声誉对于顾客信任都有着显著的影响（Doney，Cannon，1997；Keh，Xie，2009；Koufaris，Hampton-Sosa，2004；Michaelis，Woisetschläger，Backhaus，等，2008；金玉芳，董大海，刘瑞明，2006）。声誉不仅有助于减少顾客感知的不确定性和风险，也能从正面增加企业的可信赖性，但声誉是一种极为脆弱的资源，企业花很长时间建立起来的声誉有可能毁于一旦。因此，顾客才会相信那些享有良好声誉的企业，认为它们不会拿自己的名声来冒险，做一些投机性的行为（Keh，Xie，2009）。在服务行业，由于顾客无法在购买和消费服务之前预先得知服务质量，所以企业声誉显得愈发重要（Wang，Lo，Hui，2003）。

服务承诺是一种宣言、声明或者陈述，用以界定顾客可以期望的服务，以及如果发生服务失误企业将如何补偿（Hart，Schlesinger，Maher，1992）。服务性企业最初只是将服务承诺作为一种促销手段，对企业的服务质量做出承诺，以降低顾客的购买风险。为了提升承诺的可信度和完善性，继而在质量承诺的基础上附加了补偿承诺，即当服务质量达不到承诺标准时，企业愿意对顾客进行赔偿。实证研究表明，服务承诺能显著增强消费者对电子商务网站的信任以及对卖家的信任（赵学锋，陈传红，申义贤，2012）。

服务质量是顾客对实际服务在多大程度上符合或超过他们预期的判断，它是一个多维度的概念。姚水洪和陈真真（2013）将服务质量分为四个阶段，即服务过程质量、服务结果质量、服务补救质量以及服务保障质量（物理环境质量）。研究发现，服务保障质量、服务结果质量和服务补救质量均对顾客的持续信任有积极影响。常亚平、肖万福、阎俊等人（2014）进一步区分了服务质量对消费者初始信任和持续信任的影响。研究结果表明，一部分服务过程质量要素（如店面设计、专业性、受欢迎度、价格理性）仅对初始信任有显著的正向影响，另一部分过程要素（如关系维护）仅对持续信任有显著的正向影响，还有一些过程要素（如信息质量、响应性）对初始信任和持续信任均有显著正向影响；服务结果质量（包括商品质量、完成性）和服务补救质量（补偿性）对持续信任有显著正向影响。

在互联网情境下，第三方评估对顾客信任的影响也不可小觑（王小燕，2012）。冯炜（2010）在其博士论文中指出，第三方信任团队的认证标志对消费者而言是一个相当重要的信任暗示。它借助外界保证人的信誉帮助企业赢得顾客的信任。王小燕（2012）针对网络银行用户的研究验证了这一结论，研究发现隐私印章显著影响顾客对网络银行的信任和使用意向。

（二）机制性研究

在关系发展的不同阶段存在不同类型的信任建立机制（Shapiro, Sheppard, Cheraski, 1992）。夏比洛（Debra L Shapiro）等人认为，第一阶段是制约型信任（deterrence-based trust），关系双方因为担心受惩罚而保持一致的合作行为；第二阶段是知识型信任（knowledge-based trust），出于对对方的了解以及行为的可预测性而信任对方；第三阶段是认同型信任（identification-based trust），以相互理解、相互认同为基础。列维奇（Roy J Lewicki）和邦克（Barbara B Bunker）将关系初期的信任称为计算型信任（calculus-based trust），认为它是受信方基于对维持关系的得失比较而作出的"理性"选择（Lewicki, Bunker, 1996）。

东尼（Patricia M Doney）和康农（Joseph P Cannon）将信任的建立过程分为五类：计算、预测、能力判断、意图分析和信任转移（Doney, Connon, 1997）。计算过程类似于之前提到的计算型信任；预测过程类似于知识型信任，即判断对方的可靠性和善意；能力判断是指判断对方履行义务的能力；意图分析是指解释对方的言行并评价其意图；信任转移是指以第三方的评价为基础来评价受信方的可信赖性。除"信任转移"之外，其他四种信任建立过程都需要施信方掌握一定的信息。

在缺乏直接经验的条件下，施信方对受信方的初始信任主要是基于个人的信任特质、制度性暗示或者认知判断过程（McKnight, Cummings, Chervany, 1998）。个人的信任特征即信任倾向，包括对人性的信念（faith in humanity）以及信任立场（trusting stance）。对人性的信念是指相信其他人都很可信，信任立场是指不管其他人可不可信，只要自己做到可信，就能获得很好的人际关系结果。制度性暗示包括环境正常性（situational normality）和结构化保证（structural assurances）。前者是因为大环境正常而信任他人，例如法制健全；后者是因为有情境条件的约束而信任他人，例如有承诺、契约、管制、保证等条件存在。有助于初始信任建立的认知过程包括控制错觉（illusion of control process）和归类（categorization process）。控制错觉是指施信方高估自己对事件的控制程度，而低估机会或不可控因素对结果的影响。控制错觉会降低施信方感知的风险，促进初始信任的形成。归类过程分为三种：①同一归类（unit grouping），将对方和自己划分为同一种类型；②声誉归类，基于"二手"信息给对方的特性贴上一个标签；③刻板印象，基于个人对其他人的普遍看法来决定是否信任一个人。无论采用哪种归类过程，施信方都是根据"类型"来预测受信方的行为，进而决定在多大程度上信任对方。

综合考虑各种影响可信赖性期望以及信任意愿的心理因素、社会因素和组织因素，克莱默（Roderick M Kramer）将信任分为倾向性信任、基于交往历史的信任、以第三方为中介的信任、基于类别归属的信任、基于角色的信任以及基于规则的信任（Kramer, 1999）。关于消费对品牌的信任，金玉芳（2005）总结出三类信任建立机制：经验机制，计算机制和转移机制。经验机制以消费者对品牌的亲身体验为基础，主要涉及服务质量和满意；计算机制主要以风险评估和经济价值判断为基础；转移机制以声誉对品牌信任的影响为代表。也有学者提出，顾客信任是一个动态演化的过程，有累积也有损耗。在此过程中，企业践诺率是一个关键要素（刘建新，2006）。践诺是指企业能及时地、保质保量地向顾客履行其承诺，完成交付顾客价值的义务。只有当企业践诺率达到足够高的水平时，顾客才会对该企业产生信任；一旦践诺率降低，顾客信任度就会下降，直至为零。

三、诚信与顾客信任的关系

有关诚信与信任之间关系的研究主要集中在三个方面。一是从语义学的角度出发对两个概念进行辨析，梳理二者之间的逻辑关系；二是将诚信作为信任信念或可信赖性的主要成分，分析其对信任的影响；三是将诚信作为一种组织人格，探讨企业诚信水平对顾客信任的影响。

从语义上看，诚信与信任是两个不同的概念。尽管两个词组中都包含"信"字，但对应的意思却不同。在汉语字典中，"信"有"诚实，不欺骗"的意思，也有"不怀疑，认为可靠"的意思。"诚信"对应于前者，是指"诚实，守信用"；而"信任"对应于后者，指"相信而敢于托付"（范晓屏，吴中伦，2005）。国内有关诚信的研究大多将诚信与信用、信任等概念交叉使用，但也有学者对这三个概念进行了辨析。例如，翟学伟（2011）认为，诚信、信任与信用分别对应于个人、关系与制度。从一种联系体的视角来看，它们不属于各自不同的社会面向，而是来自于一个共同点的延伸，即由个体之"诚"扩大为天下之"诚"。如果每个人都遵守诚信，彼此互动起来就产生社会信任，然后整个国家的信用运行就好。也就是说，诚信、信任与信用是一个由小到大的扩展概念。

作为一种内在品质，诚信是影响信任的重要因素。根据梅尔（Roger C Mayer）等人的信任理论模型，受信方的可信赖性直接影响施信方的信任水平，可信赖性包括能力、诚信和善意三个要素。能力是指受信方在某些领域的技术、技能；诚信是指受信方是否遵守施信方可接受的原则；而善意是指受信方关心施信方的利益，会为对方做一些积极有益的事情。在关系建立初期，有关善意的信息不够充分，此时诚信对信任的影响最为突出（Mayer, Davis, Schoorman, 1995）。

科尔奎特（Jason A Colquitt）等人采用元分析法（Meta-analytic）研究发现，

能力（r_c=0.67）、善意（r_c=0.63）和诚信（r_c=0.62）都与信任水平有很强的相关性。这三个要素之间既相互关联，也相互区别（Colquitt，Scott，LePine，2007）。能力反映的是"能不能"的问题，而诚信反映的是"愿不愿意"的问题，即受信方是否选择利用自己的技术、技能，做出对施信方有利的行为。建立在能力和诚信基础上的信任是一种理性选择，属于认知信任，而基于善意的信任更多的是一种情感依附，属于情感信任。

作为组织人格的重要维度，企业诚信水平会影响顾客对品牌的信任。组织人格是组织具有的、与个人人格类似的、能被外界感知的个性特征（Slaughter，Zickar，Highhouse，等，2004）。奥托（Philipp E Otto）等人通过探索性因子分析得出，组织人格的 4 个维度分别为诚信、声望、创新和权力（Otto，Chater，Stott，2006）。也就是说，诚信是外界感知组织并对组织产生期望的决定性因素之一。丁志强（2006）以乳品企业为研究对象探讨企业诚信与品牌忠诚之间的关系，结果发现，企业诚信直接影响顾客满意、品牌信任和品牌忠诚，并通过顾客满意和品牌信任影响品牌忠诚。

综上所述，诚信与信任在概念上既相互区别又相互联系，诚信是信任建立的重要条件，但并非唯一条件。如前所述，施信方对受信方的信任可能是基于以往的经验、知识或者共同的文化背景，也可能是基于个人的信任特质、制度性暗示或者认知过程，对诚信的判断只是认知过程中的一种可能。另一方面，尽管企业诚信与顾客信任之间的关系清晰明了，但服务不诚信行为会如何影响顾客信任，还值得进一步探讨。

第三节 信任违背

一、信任违背的类型

当一方对另一方的意向和行为抱有正面期望却发现了与期望不一致的证

据，或者说感觉对方的意向和行为与自己的期望不一致时，信任违背（trust violation）就会产生（Lewicki，Bunker，1996）。信任违背意味着施信方（trustor）对受信方（trustee）的信任信念被破坏。信任信念由诚信、能力和善意三个要素构成，所以信任违背也相应地分为三类，即诚信型信任违背、能力型信任违背和善意型信任违背（Kim，Ferrin，Cooper，等，2004）。

按照归因的不同维度，也可以将信任违背分为不同的类型。根据原因源（locus of causality），可以分为由受信方内在因素引起的信任违背和由外在因素造成的信任违背。从稳定性的角度来看，信任违背事件的发生可能是偶然性的，也可能是常规性的。按照可控性，信任违背事件可以分为可控型和不可控型两种。在服务接触中，尽管有些信任违背事件是外在因素造成的，但由于顾客与企业之间存在交易关系，所以顾客还是会将责任归因于企业，降低对企业的信任。

如果将信任违背放到关系冲突层面，则可以参考现有研究对关系违背的分类方法（Ren，Gray，2009），将信任违背分为两种。一种是认同违背（identity violation），即关系中一方没有顾及另一方的面子，没有为对方着想，伤害了对方的自尊，威胁到对方的认同需要。另一种是控制感违背（violation of control），即一方妨碍了另一方目标的实现，或者违反了公平原则，使对方没有得到所期望的结果。

对照信任违背的定义和类型，可以将服务不诚信行为看成是一次诚信型信任违背事件。顾客在选择购买服务时，通常对企业的服务诚信抱有一定程度的信任。服务不诚信行为的出现不仅破坏了顾客对服务性企业诚信品质的正面期望，也破坏了他们对企业遵循诚信道德规范的正面期望，结果造成顾客心理上的信任违背。由于诚信通常被看作是一种内在的、可控的、稳定的因素，所以这类信任违背事件的影响可能比能力型信任违背事件更大。

二、信任违背的动态过程

信任违背往往伴随着受害者的认知和情绪反应。组织领域有关心理契约违背的研究区分了"破裂"（breach）和"违背"（violation）这两个概念，认为"破裂"是个人对组织未能满足其心理契约的认知，而"违背"是一种情绪和感情状态，在某种条件下是因个人对事件的认知而产生（Morrison，Robinson，1997）。信任违背实质上也是一种基于认知反应的情绪体验。列维奇（Roy J Lewicki）和邦克（Barbara B Bunker）在研究中阐述了信任违背的动态过程（如图 2-1 所示）。他们认为，信任违背使受害者处于一种不稳定、不确定并伴随着负面情绪的心理状态（Lewicki，Bunker，1996）。这种心理状态会导致：①受害者对不一致结果进行评价，即评估冒犯者的责任以及信任违背带来的成本；②受害者的情绪反应，即受害者因自己的信任被人利用而产生的愤怒、失望和/或沮丧情绪。这些认知和情绪反应决定了双方关系是走向破裂、重新修正还是关系修复，而在此过程中受害者对责任的自我归因会起到调节作用。

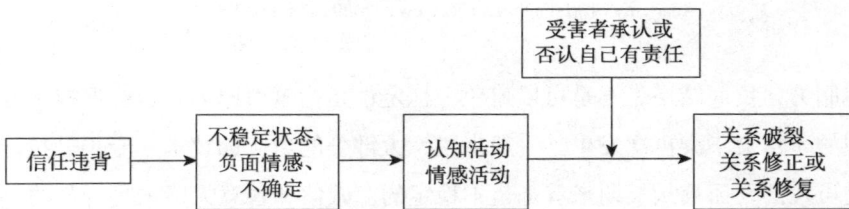

图 2-1　从受害者的角度看信任违背的动态过程

资料来源：Lewicki R J，Bunker B B. Developing and maintaining trust in work relationships[M]// R Kramer，T R Tyler (Eds.). Trust in organizations：Frontiers of theory and research. Thousand Oaks，CA：Sage，1996：114-139.

汤姆林森（Edward C Tomlinson）和梅尔（Roger C Mayer）在 2009 年提出的归因模型（如图 2-2 所示），进一步解释了信任违背事件发生后受害者的认知和情绪反应如何影响信任双方的关系结果。首先，信任的负面结果让施信方产生一般性的负面情绪（如不愉快），在这种情绪状态下施信方会对负面结果的原因进行初步推断以及深层归因。如果初步推断认为信任违背事件与受信方的能力、诚信或善意有关，就意味着原因源是内在的，接下来要从可控性和稳定性两个维度来评价能力、诚信或善意。可控性是指受信方对事件结果有多大

负面结果

一般情感反应
● 不悦

初步原因归属
● 其他
● 能力
● 善意
● 诚信

深层归因
● 原因源
● 可控性
● 稳定性

可信性
● 能力
● 善意
● 诚信

信任

受信方的
应对措施

特定情绪反应
● 生气
● 害怕

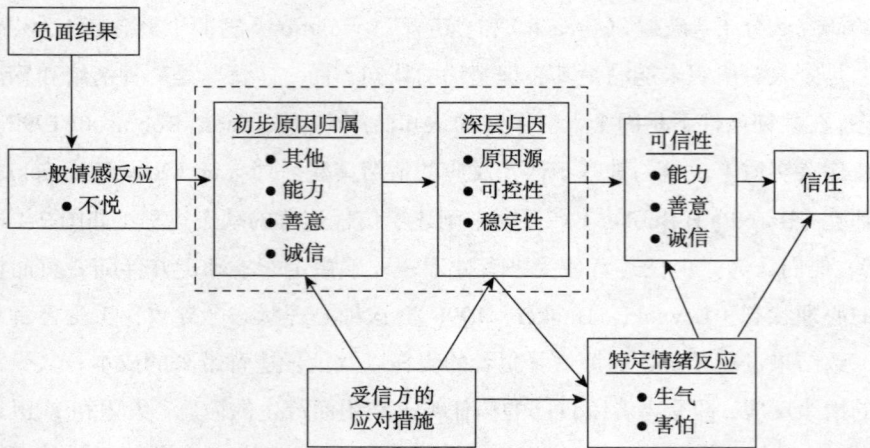

图 2-2　归因模型

资料来源：Tomlinson E C，Mayer R C. The role of causal attribution dimensions in trust repair[J].
Academy of Management Review，2009，34(1)：85-104.

的控制力，负面结果是不是可以避免；稳定性是指肇事原因是否会保持不变，类似的事情会不会再次发生。一般来说，大部分能力（如技术、专长、技能）都是可控的，而且从长期来看都是不稳定的。诚信和善意无疑也是可控的，在成熟关系中善意通常被视为稳定因素，但在新建关系中善意具有不稳定性；诚信是一种持久的品质，是可信赖性三要素中最稳定的一个。对能力、诚信、善意的可控性和稳定性评价会影响施信方对受信方可信赖性的评价，进而影响信任。

另一方面，对原因源、可控性和稳定性的归因会引起施信方的特定情绪反应，例如愤怒、害怕，进而影响施信方感知的可信赖性及其信任意向。情绪状态影响个人对信息的获取和处理，处于负面情绪状态的施信方会戴上有色眼镜来评价受信方的所作所为，强烈的负面情绪会让施信方忽略一些在旁人看来是显示受信方能力、善意或诚信的正面信息。负面情绪反应还会直接影响施信方的信任意图，例如愤怒或害怕情绪会促使施信方采取自我保护行为，与受信方保持一定距离，或者进行报复。

三、信任违背的影响因素

信任违背会导致信任度降低和施、受信双方合作行为减少，甚至是关系完全破裂（Lewicki，Bunker，1996）。而且，即使失信行为并未真正发生，单凭一些未经证实的传言也能使信任受损（Schoorman，Mayer，Davis，2007）；即使不是直接受害者，其信任也会受到影响（Kim，Ferrin，Cooper，等，2004）。在不考虑信任修复措施的情况下，信任违背结果受施信方反应以及信任违背事件特点的影响。

（一）施信方的认知和情绪反应

信任违背的动态模型和归因模型都强调了认知和情绪对关系结果或后续信任的决定作用。略有不同的是，前者将归因作为调节变量，而后者将其作为影响可信赖性评价和特定情绪的关键变量。实证研究表明，归因会直接影响情绪，并通过情绪的中介作用影响后续信任，对信任违背的责任归因也会直接影响施信方的信任流失水平（Wu，Chien，Chen，等，2011）。相比归因于"不能满足期望"，将信任违背的责任归因于"不想满足期望"，会造成更大的信任流失（Elangovan，Auer-Rizzi，Szabo，2007）。

（二）信任违背事件自身的特点

信任违背事件的严重程度会影响关系结果。严重程度较低的信任违背事件可能只是降低一方对另一方的信任，致使受害者不再与冒犯者合作，而严重程度较高的信任违背事件有可能使受害者产生强烈的认知和情绪反应，不再信任对方，甚至做出更严重的行为反应，例如索取赔偿、将冲突扩大化、终止关系等（Lewicki，Tomlinson，2003）。信任违背的严重程度可以从行为结果的重要性、信任违背发生的次数以及信任违背的类型三方面来分析。行为结果对受害者越重要，信任违背的后果就越严重。之前发生的次数越多，说明事件并非偶然，受害者就越倾向于将事件归因于稳定性因素，相应的信任流失幅度就更大。至于信任违背的类型，诚信型或善意型信任违背所造成的后果往往比能力型信任违背更严重，对关系的损害更大。

信任违背发生的时机会影响信任流失幅度。施信方可以容忍第一次信任违背，但第二次就会导致信任剧减（Elangovan，Auer-Rizzi，Szabo，2007）。而且，如果信任违背发生在关系建立的早期阶段，由于存在首因效应，信任违背会对关系结果造成更严重的影响，带来更多的消极合作行为和更强烈的负面情绪（Lount，Zhong，Sivanathan，等，2008）。

（三）施信方的特质

不同个体在宽恕他人的倾向上存在差异，而宽恕倾向对信任流失幅度以及不信任的增加有显著影响。宽恕倾向高的人，其信任流失水平比宽恕倾向低的人更低，对受信方的不信任度也更低（Elangovan，Auer-Rizzi，Szabo，2007）。施信方的内隐人格特质也会影响其对信任违背的认知评价。实体论者（entity theorists）对行为的评价往往比渐进论者（incremental theorists）更为严苛（Kam，2009）。在受信方确实"有罪"的情况下，实体论者比渐进论者更倾向于认为受信方是不可信的。而且，实体论者不会轻易改变他们对其他人的看法，所以相应的信任修复也会更为缓慢。

总的来说，现有研究对信任违背的动态过程进行了初步探讨，相关成果可以为实证研究提供理论框架。虽然已有理论模型强调归因认知和特定情绪在信任违背过程中的作用，但由于实证研究较少，相关理论假设还需要进一步检验。另外，除归因认知之外，是否存在其他认知变量中介信任违背事件的影响，也有待进一步探讨。

第四节　信任修复策略

一、信任修复策略的类型

信任违背事件发生后，为了维持与施信方之间的信任关系，受信方必须采取合理的应对措施。信任修复策略是信任违背发生之后，旨在使施信方的信任信念和信任意向更积极的行为（Kim，Ferrin，Cooper，等，2004）。现有研究探讨了组织之间、组织内部以及组织与顾客之间的信任修复策略，并将之划分为不同的类型。

（一）制度性策略和非制度性策略

关于组织之间的信任如何修复，有学者认为，组织之间的信任归根到底是由个人来维系，但是并非所有成员都参与了组织之间的合作事务。在合作关系中能代表其所属组织负责处理合作伙伴相关信息的"跨边界人员"（boundary spanner），尤其值得关注（Janowicz-Panjaitan，Krishnan，2009）。或者说，组织之间的信任实质上就是双方跨边界人员之间的集体信任。按照职权层级，可以将跨边界人员分为公司层（高层管理者）和运营层（基层员工）两类，所以对应的信任和信任违背也发生在这两个层面，即公司层信任违背和运营层信任违背。

如果组织之间发生信任违背，失信企业可以选择制度性和非制度性措施来应对（Janowicz-Panjaitan，Krishnan，2009）。制度性措施是指通过正式的机制来防止信任违背事件再次发生，或者缓解信任违背造成的后果；非制度性措施包括各种形式的社会申诉（social accounts），旨在影响受信方对信任违背事件责任在谁的看法。这些应对措施的有效性取决于信任违背发生在哪个层面（公司层/运营层）以及信任违背的类型（诚信型/能力型），其他因素例如信任违背发生的频率和严重程度（高/低）、组织对跨边界人员的约束力（强/弱）以及施信方对受信方的依赖程度（高/低），在其中发挥调节作用。综合上述因素，现有研究提出了一系列理论假设（如表2-2所示）。

如果信任违背事件发生在运营层面，而且是发生频率较低或后果不太严重的能力型信任违背，失信企业采取基于内部归因的非制度性措施（如道歉）会比较有效。如果是经常发生或后果严重的能力型信任违背，则由企业管理层主动采取制度性措施解决运营人员的能力问题更有效。这样不仅有助于修复对运营人员的能力信任，也能维护整个公司层面的诚信水平。对于发生频率较低或后果不太严重的诚信型信任违背，如果失信企业对跨边界人员的约束力比较

表 2-2　不同情况下失信企业应对组织间信任违背的措施

		信任违背频率低或严重程度低		信任违背频率高或严重程度高
运营层面	能力型信任违背	内部归因＋非制度性措施（修复信任）		制度性措施（修复信任）
	诚信型信任违背	对跨边界人员有约束	外部归因＋非制度性措施（修复信任）	制度性措施（维持关系，但不能修复信任）
		对跨边界人员无约束	内部归因＋非制度性措施（修复信任）	
公司层面	能力型信任违背	制度性修复措施（修复信任）		退出合作关系
	诚信型信任违背	依赖性强	制度性修复措施（维持关系，但不能修复信任）	
		依赖性弱	退出合作关系	

资料来源：Janowicz-Panjaitan M，Krishnan R. Measures for dealing with competence and integrity violations of inter-organizational trust at the corporate and operating levels of organizational hierarchy[J]. Journal of Management Studies. 2009，46(2)：245-268.

强，则基于外部归因的非制度性措施（如外因式解释）比较有效。如果企业对跨边界人员的约束条件比较宽松，则采取内部归因式的非制度性措施（内因式解释）效果更佳。对于经常发生或后果严重的诚信型信任违背，由企业管理层主动采取制度性措施遏制运营人员的诚信问题，更有助于延续组织之间的合作关系。如此一来，虽损失了合作方对企业运营人员诚信的信赖，却挽回了企业管理层的诚信。

如果信任违背发生在公司层面，而且是发生频率较低的能力型信任违背，失信企业应该主动采取制度性措施。如果发生频率较高，则退出合作关系是唯一有效的选择。因为高频率意味着公司管理层没有能力达成预期的合作目标，对此合作方极有可能选择退出合作。对于运营人员的能力问题，失信企业尚可以通过培训员工、业务外部等方式来弥补不足，但对于企业层面的能力问题就不存在类似的解决方案。既然整个组织都没有能力按照预期交付服务，自然就没有理由继续参与合作了。

公司层面的诚信型信任违背，无论其发生频率和严重程度如何，都足以说明失信企业不诚信。对此，无论是外部归因式非制度性措施还是内部归因式非制度性措施，都不能发挥有效的信任修复作用。因为诚信通常被视为内在的、稳定的、可控的品质，采用外因式解释显然不合理；采用内因式解释虽能凸显企业的责任担当，但不足以弱化失信行为与企业品行不端之间的联系。失信企业只剩下两种选择：采取制度性措施和退出合作关系。制度性措施对于诚信型信任违背来说并非良策。一方面，采取制度性措施本身印证了不诚信的存在；另一方面，制度性措施对信任修复的作用有限。诚信作为企业的文化价值观和道德规范本是隐性的，制度性措施使之显性化。一旦信任违背事件被认为与企业诚信有关，制度性措施可能会放大合作伙伴之间的距离感，即使双方实际上大同小异。虽不能修复组织之间的信任，但制度性措施可以延续双方的合作关系。失信企业还有一种应对策略，就是退出合作关系。这种做法既不能恢复对方的信任，也不能延续合作关系，但它切实地保护了合作方，使之免受未来可能发生的信任违背事件的影响，并将退出合作还是继续合作的选择权交给了对方。如果合作伙伴对失信企业的依赖性很强，它会选择通过制度性措施来延续合作关系。相反，如果依赖性较弱，它会选择终止合作关系。

综上所述，受情境因素影响，制度性措施有时候只能维持双方的合作关系，而无法修复组织之间的信任，甚至在某种情况下，退出合作关系是失信企业唯一的选择。非制度性措施主要适用于运营层面发生的频率较低、后果不太严重的信任违背。至于外部归因式非制度性措施和内部归因式非制度性措施哪个更有效，要视信任违背的类型以及企业对跨边界人员的约束力而论。

（二）情感型策略和工具型策略

国内学者从中国情境下的关系视角出发，提出了联盟组织之间信任修复的两种策略，即情感型策略和工具型策略（王绮，彭遥，陆绍凯，2018）。情感型策略是双方在熟人关系圈中基于人情交换所采取的修复策略，侧重于感性认知层面的信任修复，包括面对面道歉、高层亲自表达、请双方共同熟识的第三方见证、宴请赔礼等元素。由于这些行为带有社交性质而且通常在非正式场合进行，更容易转移信任方对信任违背事件的注意力，消除信任方的负面情绪，恢复其对被信任方的积极情感预期。工具型策略较少地考虑人情关系，而是通过理性计算彼此的利益得失，以"公事公办"的态度进行信任修复，包括损失补偿、制定严格的规范约束自身行为等方式。通过经济手段或正式制度为信任方提供经济性补偿或财务保障，其重点是降低信任方对信任违背事件所造成经济损失的理性计算，恢复它对未来合作经济目标的预期。

（三）道歉性策略与防御型策略

对于负面报道引发的信任危机，道歉型策略和防御型策略是企业可以采取的两种应对策略。与防御型策略相比，道歉型应对策略对身陷负面新闻的企业可能更有利。道歉型策略分为情感性修复策略、功能性修复策略和信息性修复策略三类（Xie，Peng，2009）。情感性修复策略包括企业向顾客和公众道歉，表示懊悔和同情；功能性修复策略包括提供经济赔偿以及通过管理手段来避免负面事件再次发生；信息性修复策略主要是指危机处理过程中的沟通，如显示证据、澄清事实、公布新信息等。实证研究结果显示，这三类修复措施会影响顾客对企业可信性不同维度（能力、善意、正直）的判断。具体来说，情感性修复措施会影响顾客对企业的诚信和善意的感知；信息性修复措施影响顾客感知的诚信和能力；功能性修复措施只对感知的能力有影响。

（四）言语回应与实质性应对

根据表现形式，可以将信任修复策略分为言语回应和实质性应对措施两类（Dirks，Kim，Cooper，等，2005）。言语回应是受信方针对信任违背事件提出的相关申诉，在一些文献中以"口头申诉"（verbal accounts）、"社会申诉"（social accounts）等概念出现。社会心理学研究表明，人们可以通过四类社会申诉来解释不利的行为或者与预期不相符的行为——原因申诉（causal accounts）、观念申诉（ideological accounts）、参照性申诉（referential accounts）和忏悔性申诉（penitential accounts）。原因申诉旨在否认或减少个人对负面事件的责任；观念申诉将行为上升到更高层次的目标，或者提供更正面性的解释，试图说明行为是合法的、符合社会道德观念的，从而使负面行为正当化；参照性申诉是使用特定参照标准来重构负面行为，声称今后的结果会更好或更坏；

忏悔性申诉则是坦白地承认责任并表示后悔。现有研究中提到的借口、辩解、承诺和道歉，分别属于原因申诉、观念性申诉、参照性申诉和忏悔性申诉。

言语申诉对信任修复有一定的积极作用，但不花成本的回应可能会让受害的施信方觉得没有诚意。实质性应对措施可以弥补这一不足，因为它们意味着受信方为自己的过错切实付出了代价。德克斯（Kurt T Dirks）等人分析了两种实质性措施——自我惩罚（penance）和自愿采取的制度性控制（regulation）对信任修复的作用。自我惩罚（如赔偿或补偿）是受信方自愿采取的弥补措施，或者说是他们自愿为自己的错误所付出的代价；制度性控制是受信方通过建立某种机制（如监控系统、契约或规则）来约束自己今后的行为。

尽管不同研究对信任修复措施的分类标签不同，但其中涉及的内容基本一致。道歉、承诺、否认等言语申诉策略属于非制度性的情感修复策略，而赔偿和管制等实质性应对策略属于制度性的功能修复策略。以下按照言语回应策略和实质性修复策略的分类框架，分别阐述这两类策略对信任修复的作用。

二、言语回应策略的作用

在信任违背情境下，言语沟通可以提供关于行为意图和相关情境因素的信息，有助于施信方进行正确的归因，减少误解。不仅如此，言语沟通还能体现受信方的社会敏感度以及对施信方的尊重。大量的实证研究发现，道歉、否认、承诺等言语回应策略，对信任修复有积极作用（Schweitzer, Hershey, Bradlow, 2006；Ferrin, Kim, Cooper, 等，2007；熊焰，钱婷婷，2012；韩平，宁吉，2013；关新华，谢礼珊，皮平凡，2017）。

（一）道歉

道歉是一种承认责任并表示后悔的忏悔性申诉策略。关于道歉的作用效果，现有实证研究得出的结论并不一致。有研究表明，道歉有助于增加信任违背后受害者的和解意愿（Tomlinson, Dineen, Lewicki, 2004），对修复信任或合作行为有显著的积极作用（Bottom, Gibson, Daniels, 等，2002；Kim, Ferrin,

Cooper，等，2004）；也有研究发现，道歉对信任修复并无显著影响（Schweitzer，Hershey，Bradlow，2006）。这可能与不同研究对"道歉"内容的操作设计有关。

费尔（Ryan Fehr）和盖尔范德（Michele J Gelfand）在文献研究（如表 2-3 所示）基础上，挑出最能代表道歉内容的要素，并通过探索性因子分析提取出道歉的三个组成成分，分别是提出补偿、表达同情和承认违背规则规范。提出补偿是研究文献中最常见的道歉成分，它可以是一个具体的补偿方案，例如"我看能不能给你换一个×××"，也可以是一种更为宽泛的表达，例如"如果有什么是我可以做的，请告诉我"。表达同情是指对受害者所遭受的伤害表示关心，它反映了冒犯者对关系的重视。承认违背规则/规范是将道歉上升到群体层面，承认自己的行为破坏了群体所遵守的规则、规范。这三个内容要素对宽恕都有显著的正向影响，尤其当道歉内容与受害者的自我建构一致时，道歉对宽

表 2-3　道歉的内容成分

研究者	年份	研究领域	道歉成分
Goffman	1972	社会学	对受害者所遭受的伤害表示关心 承认自己违背了相关规则 同意接受制裁 对自己的行为表示不赞同 表示远离错误行为 申明今后将遵守规则 提供补偿
Schlenker，Darby	1981	心理学	表明道歉意向（对不起） 表达懊悔、悲痛 提供补偿 自我批评 直接请求宽恕（forgiveness）
Wagatsuma，Rosett	1986	法学	承认伤害行为发生，对他人造成了伤害，属于不正当行为 承认自己有过错，而且对行为表示后悔 表示补偿受害方 表示行为不会再发生 表示今后会和睦相处

续表

研究者	年份	研究领域	道歉成分
Blum-Kulka，等	1989	心理学	表明言语意图（对不起） 表明责任，重申对规则的尊重 提供补救 承诺克制自己的行为 解释事件发生的原因
Tavuchis	1991	社会学	承认自己所违背的规则具有合法性 承认过错并承担责任 对自己造成的伤害真心表示后悔和自责
Scher，Darley	1997	心理学	表明言语意图（对不起） 表明责任，重申对规则的尊重 提供补救 承诺克制自己的行为
Cohen	1999	法学	承认过错 对伤害行为表示后悔 对受害者表示同情
Lazare	2004	精神病学	承认冒犯 真心表示懊悔 提供合适的补救
Schmitt	2004	心理学	承认过错 承认伤害 表示懊悔 请求原谅（pardon） 提供补偿

资料来源：Fehr R，Gelfand M J. When apologies work：How matching apology components to victims' self-construals facilitates forgiveness[J]. Organizational Behavior & Human Decision Processes，2010，113(1)：37-50.

恕的促进作用会更大。具体来说，对于独立型自我建构的受害者，提出补偿的作用更大；对于关系型自我建构的个人，表达同情的作用更大；对于集体型自我建构的个人，承认违背规则/规范作用更大（Fehr，Gelfand，2010）。

（二）承诺

承诺可以作为道歉内容的一部分，也可以与道歉内容分离，作为一种独立的信任修复策略。现有文献中，一部分研究对"道歉"的概念操作包含了"承诺"成分（Kim，Ferrin，Cooper，等，2004；Ferrin，Kim，Cooper，等，2007；Kim，Dirks，Cooper，等，2006），另一部分研究则将道歉与承诺区别开来，分析它们对信任修复的独立影响，或者道歉与承诺的组合效果（Tomlinson，2004；Schweitzer，Hershey，Bradlow，2006；张正林，庄贵军，2010）。

无论是简单的道歉声明还是对未来行为的承诺，都为施信方的归因认知提供了更多的信息，反映了受信方的诚意，因而对信任修复有一定积极作用。当然，承诺对信任修复的作用也是有限的。现有研究表明，承诺只对短期的信任修复有显著影响；从长期来看，只要保持后续行为一致可信，事先有无承诺对信任修复没有显著影响。另外，欺骗行为会从负面影响承诺对信任修复的短期效果，但对其长期效果的影响不大（Schweitzer，Hershey，Bradlow，2006），但如果受信方在作出承诺之后又出现欺骗行为，施信方的信任度则会降至更低（张正林，庄贵军，2010）。

（三）否认

否认是指受信方认为自己对负面结果没有责任，不应该受到指责，受信方试图将责任归咎于其他外在因素，并努力证明自己是无辜的。否认意味着过失行为的原因是外在的，责任不在受信方，所以对受信方可信赖性的损害不大。一部分实验研究发现，对于诚信型信任违背，否认的信任修复效果比道歉更好（Kim，Ferrin，Cooper，等，2004），但有关信任博弈的研究却显示，与承认不合作意图相比，否认性解释对施信方情感反应和后续合作行为的作用效果不一定会更好（Bottom，Gibson，Daniels，等，2002）。如果双方合作时间短，否认性解释会带来更多的负面情感反应和更少的合作行为，但如果双方合作时间长，否认性解释就会导致更多的正面情感反应和合作行为。

（四）回避

道歉和否认各有利弊，那么既不承认也不否认、保持缄默的做法会不会更好呢？费林（Donald L Ferrin）等人根据信息诊断性理论和初始信念更新理论，比较了回避与道歉、否认的相对效果。回避意味着被指责的一方既不确认也不否认"罪名"成立，既没表示采取补救行动，也没说不采取。与道歉和否认相比，回避既没有传递负面信息，也没有传递正面信息，所以其信任修复效果居于二者之间（Ferrin，Kim，Cooper，等，2007）。也就是说，回避不是最坏的策略但也不是最好的策略。回避无法解决信任违背事件带来的问题，而且极有可能被对方看成是不负责任的表现，所以企业应该慎重考虑。

三、实质性修复措施的作用

受信方可以通过口头回应来表明自己的后悔和自责，或者承诺同样的事情不会再发生。但口说无凭，为了挽回施信方的信任，受信方还需要用实际行动来表明自己的诚意和悔过之心。抵押（hostage posting）、自我管制（regulation）、自我惩罚（penance）、经济补偿等实质性措施，对于信任修复都有积极作用。

抵押是经济学中常用的术语，是不确定性情境下进行自我制裁的一种机制。在设有抵押的条件下，抵押方不敢轻易作出欺骗行为，否则抵押物将被没收。当一方自愿提出设置抵押时，抵押会产生信号效应，传递抵押方的积极意向。相比非自愿性抵押，自愿性抵押对信任修复的作用效果可能更好。自愿性抵押（例如建立监督机制）有助于增加感知的可信赖性，而非自愿性抵押对可信性修复的作用并不显著（Nakayachi，Watabe，2005）。

自我惩罚和自我管制也能起到信任修复的作用（Dirks，Kim，Cooper，等，2005）。自我惩罚（如赔偿或补偿）意味着受信方自愿为自己所犯的错误付出一定代价；自我管制是通过建立某种机制，例如监控系统、契约或规则，约束今后的行为。实施自我惩罚或自我管制，说明受信方对自己的行为有悔改之心，并且对过失行为的再次发生采取了预防措施。在这种情况下，施信方对受信方的意图或行为的期望会更加积极，也更愿意再次信任对方。

自愿提供经济补偿也是一种自我惩罚措施。相比强制性经济补偿，自愿性经济补偿可以让对方感觉受信方的悔意更强，从而表现出更高的信任感。对于宽恕倾向高的人来说，自愿性经济补偿和强制性经济补偿的差别不大（Desmet，De Cremer，Van Dijk，2011a）。至于自愿补偿的数额达到何种程度才能有效地修复信任，德斯梅特（Pieter T M Desmet）等人的研究发现，足额补偿（与施信方感知的损失持平）、部分补偿（弥补一部分损失）、超额补偿（超过施信方感知的损失水平），这三种方案都有助于增加信任，但只有在冒犯行为意图不明的情况下，超额补偿才会比足额补偿的效果更好（Desmet，De Crème，Van Dijk，2011b）。

四、不同信任修复策略的效果比较

（一）单一策略比较

1. 内部归因式道歉与外部归因式道歉

对于违背信任的受信方来说，道歉是一柄双刃剑，同时存在正面效应（悔过）和负面效应（有过错）。为了弱化道歉的负面效应，受信方可以将行为归因于外部因素。归因于外部因素有助于减轻受信方的过错，但施信方可能会觉得受信方是故意找借口推脱责任，或者有意欺瞒真相。究竟在道歉时应该将原因归于外部因素（外部归因式道歉），还是归于内部因素（内部归因式道歉）呢？

根据诊断性特质归因模型，在诚信型信任违背情境下，施信更关注负面信息，而外部归因有助于减弱道歉所传递的"有罪"的信号，所以对信任修复更有益。在能力型信任违背情境下，施信方更关注正面信息，而内部归因能传递承担责任、改正错误等正面信号，所以对信任修复更有益。然而，从受信方的角度来讲，能力表现比诚信水平更有可能受外部因素影响，如果将能力型信任违背归因于外部因素，更容易让施信方接受，但如果将诚信型信任违背归因于外部因素，会让受信方觉得没有诚意，表示怀疑。实证研究发现，内部归因式道歉对于能力型信任违背更有效，而外部归因式道歉对于诚信型信任违背更有效（Kim，Dirks，Cooper，等，2006）。

2. 道歉与否认

道歉和否认都同时传递了两种信息，一种是有助于信任修复的正面信息，一种是对信任修复不利的负面信息。道歉意味着受信方承认自己有过错（负面信息），并表示后悔或自责（正面信息），而否认表明受信方认为自己没有过错（正面信息），也不会调整自己的行为（负面信息）。这两种口头应对措施的作用效果取决于信任违背的类型。

心理学研究发现，人们在评价诚信与评价能力时，对正面信息和负面信息的权衡存在区别。评价他人是否诚信时更看重负面信息，而判断能力高低时更看重正面信息。因为诚信的人无论何时都会采取道德性行为，但不诚信的人，其行为可能是道德的，也可能是不道德的；能力强的人可能表现出色或者表现差，但能力差的人只有可能表现差。也就是说，负面信息对于判断诚信更具诊断性，而正面信息对于判断能力更具诊断性（Reeder，Brewer，1979）。在诚信型信任违背情境下，由于负面信息更具诊断性，道歉传递的负面信息（有过错）更为突出，所以信任修复效果不如否认好；在能力型信任违背情境下，由于正面信息更具诊断性，道歉传递的正面信息（表示后悔、承担责任、改正行为）更突出，所以信任修复效果比否认好（Kim，Ferrin，Cooper，等，2004）。

国内学者的实证研究也得出了类似结论。韩平和宁吉（2013）发现，在企业员工人际信任修复的效果上，对于能力型信任违背，道歉的修复效果要优于否认，但是对于诚信型信任违背，道歉及否认的修复效果没有显著差异。袁博等人（2018）通过元分析也发现，相比诚信型信任违背，道歉对能力型信任违背有较好的修复效果。

3. 回避、道歉与否认

信任违背发生之后，施信方的初始信念是认为受信方有过错，不值得再信任。除非有足够的动机或机会因素使其不接受这一信念，否则他会维持初始信念不变（Gilbert，1991）。在诚信型信任违背情境下，施信方更关注负面信息。如果受信方通过道歉承认自己有错，就印证了施信方的初始信念（即失信方有过错）；如果受信方否认，则推翻了施信方的初始信念；如果受信方既不承认也不否认，没有反面证据表明初始信念不能接受，施信方就会维持初始信念。由此可见，对于诚信型信任违背，回避和道歉的信任修复效果不相上下，而否认的效果更好。

在能力型信任违背情境下，施信方更关注正面信息。道歉显示的后悔与自责说明施信方的初始信念（失信方不再值得信任）不可取；否认隐含的不补救印证了施信方的初始信念；回避意味着受信方没说不采取，但也没说采取补救措施，施信方仍然维持初始信念不变。因此，对于能力型信任违背，回避的信任修复效果等同于否认，而道歉的效果更好。

综合上述两方面的分析，对于信任修复而言，回避策略的效果居于否认和道歉之间。无论是诚信型信任违背，还是能力型信任违背，回避策略都是次优选择（Ferrin，Kim，Cooper，等，2007）。

4. 道歉与承诺

一部分实证研究将道歉与承诺区别开来，比较分析它们对信任修复的影响。汤姆林森（Edward C Tomlinson）在研究中提出假设：道歉比承诺能更有效地降低信任违背的稳定性归因（Tomlinson，2004）。道歉表明受信方明确承认信任违背造成的损失，承担责任，表示自责。承诺仅仅是给受害的施信方一个保证，声明未来不会再发生不可信行为。在缺少"自责"的情况下，这种言论在受害者看来是不太可信的（Gold，Weiner，2000）。然而，实证研究结果显示，在道歉或承诺情境下的两组被试，他们对信任违背的稳定性归因及其感知的交往公平性并无显著差异（Tomlinson，2004）。

5. 道歉与赔偿

道歉与赔偿对信任修复的作用效果同样因信任违背类型而异。王绮等人（2018）认为，认知型信任违背破坏了施信方对双方合作所带来经济利益的期望，所以信任修复的重点是通过工具型策略（如经济赔偿）减少施信方感知的经济损失；道德型信任违背导致施信方产生强烈的负面情绪，所以信任修复的重点是通过情感型策略（如道歉）重构积极的情感。关新华等人（2017）的研究也发现，针对绩效型负面报道，赔偿对旅游目的地信任的修复效果比道歉更好；而针对价值观型负面报道，道歉对旅游目的地信任的修复效果更好。总的来说，对于认知型、绩效型这类与能力相关的信任违背事件，工具型策略的信任修复效果更好，而对于涉及道德、价值观的信任违背事件，情感型策略的信任修复效果更好。

（二）单一策略与组合策略比较

多种口头回应策略的组合效果是否优于单一种策略？关于这一问题，有实证研究发现，对于能力型信任违背，"道歉＋承诺"要比单纯道歉的信任修复效果好（韩平，宁吉，董志成，2016）；对于修复初始重构意愿，"道歉＋承诺"的作用大于道歉的作用（张正林，庄贵军，2010）。然而，也有研究显示，只要有道歉，不管有没有承诺，信任修复的效果（交往公平性的均值）都比较好（Tomlinson，2004）。

口头回应策略与实质性修复措施的组合效果，通常优于单纯口头回应策略，但不一定比单纯的实质性修复措施更好。例如，"道歉＋自我惩罚""道歉＋换货""道歉＋折扣""道歉＋退货"比单纯的道歉修复效果好（Bottom，Gibson，Daniels，等，2002；Dirks，Kim，Cooper，等，2005；韩平，宁吉，董志成，2016），但"道歉＋自我惩罚"的作用力度与自我惩罚相比并无显著差异，"道歉＋自我管制"的作用效果，与单纯的道歉或者单纯的自我管制相比，也无显著差异（Dirks，Kim，Cooper，等，2005）。

综合来看，现有实证研究探讨了道歉、否认、回避、经济补偿、监督等修复策略的作用效果，这些策略既适用于组织层面的信任修复，也适用个人层面的信任修复。对于服务不诚信行为造成的顾客信任流失，服务性企业原则上可以参考这些策略进行应对，但实际上并非所有策略都适用。由于服务生产与消费同时进行，一旦出现诚信问题，顾客就是直接受害者，所以企业不能回避或否认问题，只能积极应对，而且在此过程中一线服务员工的即时应对非常重要。提供经济补偿、设立监督机制等实质性修复措施，很难在信任违背事件发生后即刻实施，也不在普通员工的权力范围之内。相比之下，调整后续服务行为、更换或提供替代性服务，可能是比较常见的做法。这些措施能否起到信任修复的作用，还有待实证研究检验。

第五节　信任修复过程

一、信任修复的定义与测量

现有研究对信任修复的界定大致分为两种。其中一种观点认为，如果将信任定义为一方基于对另一方行为的正面期望而宁愿放弃监督或控制，使自己处于脆弱、易受伤害的状态，那么信任修复就是部分或完全修复下降的信任意愿（Tomlinson，Mayer，2009），即挽回此前流失的信任。另一种观点认为，信任修复不仅要重建正面期望（增加信任），还要消除负面期望（减少不信任），如果有关信任违背的负面信息依旧突出，即使受信方采取措施展示其可信性，施信方也会不信任（Kim，Dirks，Cooper，2009）。上述两种观点的区别在于，前者将信任与不信任视为同一连续体的两端，而后者将它们视为两个独立的、可以同时并存的概念。在测量上，前者直接测量采取修复措施之后的信任水平（Xie，Peng，2009），而后者是同时测量信任水平与不信任水平（Elangovan，Auer-Rizzi，Szabo，2007）。

还有一部分学者将信任修复严格定义为信任结构水平的复原，强调信任修复要作用于施信方被破坏的期望（Kim，Dirks，Cooper，2009）。虽然受信方可以强化未被破坏的可信赖性要素，以此来维持施信方的某些信任行为，例如增强能力以弥补诚信型信任违背造成的信任流失，但这并不是严格意义上的信任修复，而是信任构建。一些制度性修复措施，例如政策、程序、合同、监督等，虽能促进合作行为，但不一定修复了信任本身。因为这类措施更多是通过降低施信方的易受损性或风险来实现合作或维持关系，而不是基于受信方的可信赖性。

总的来说，信任的修复过程比建立过程更复杂、更困难。从企业实践角度来讲，将信任修复严格定义为信任结构水平的复原，操作起来有一定的难度，而将整体信任度的恢复或（和）不信任度的降低作为策略指标，更简单易行。围绕信任修复过程，国内外学者展开了一系列理论和实证研究，相关研究成果包括基于可信赖性的信任修复、基于归因认知的信任修复、基于情绪的信任修复、基于宽恕和和解意愿的信任修复，以及基于关系视角的信任修复。

一、基于可信赖性的信任修复

（一）梅尔等人的信任模型

根据梅尔（Roger C Mayer）等人的信任模型（如图 2-3 所示），受信方的可信赖性和施信方的信任倾向影响信任水平，而信任水平影响施信方在关系中的冒险意愿，进而影响其风险行为（信任结果）。如果信任结果是正面的，施信方对受信方可信赖性的判断会进一步增强；如果结果是负面的，施信方对受信方可信赖性的感知就会下降。信任违背破坏了受信方的可信赖性，而信任修复措施通过增强感知的可信赖性来影响后续信任水平。或者，也可以将修复措施看作是信任结果与可信赖性评价反馈环中的一个中间过程（Schoorman，Mayer，Davis，2007）。

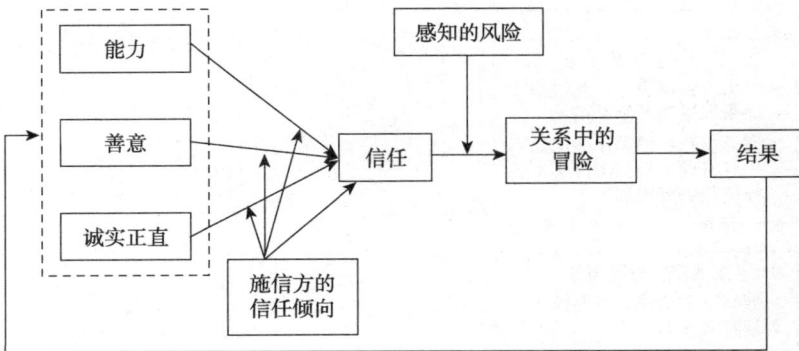

图 2-3　信任建立模型

资料来源：Mayer R C，Davis J H，Schoorman F D. An integrative model of organizational trust[J].
Academy of Management Review，1995，20(3)：709-734.

一系列实证研究探讨了可信赖性的构成要素对信任修复的影响。研究结果显示，感知的诚信中介情感性和信息性修复措施对信任的影响；感知的能力中介功能性和信息性修复措施对信任的影响；情感性修复措施影响感知的善意，而感知的善意完全通过顾客宽恕的中介作用来影响信任（Xie，Peng，2009）。张正林和庄贵军（2010）的研究表明，善意信念也会直接中介修复措施对信任意向的影响。信任修复策略与违背类型的交互效应会影响施信方的后续信任意向，而感知的诚信在其中发挥中介作用（Kim，Ferrin，Cooper，等，2004）。

（二）组织层面信任修复模型

吉雷斯比（Nicole Gillespie）和迪兹（Graham Dietz）从系统论的角度来分析员工感知的组织可信性，进而提出组织信任修复的理论框架（如图2-4所示）。

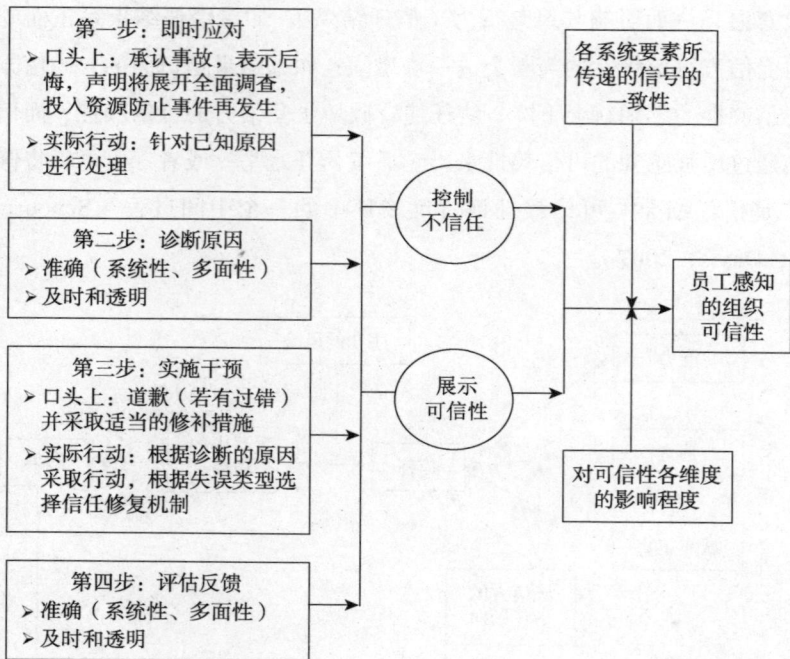

图 2-4　组织层面信任修复的理论模型

资料来源：Gillespie，N. & Dietz，G. Trust repair after an organization level failure [J].
Academy of Management Review，2009，34(1)：127-145.

他们认为，组织层面的信任修复也可以通过修复信任者对被信任者可信性的认知来实现（Gillespie，Dietz，2009）。组织的可信性同样包括能力、善意和诚信三个维度。能力是指组织能有效地实现目标并履行职责的能力；善意是指组织关心利益相关者的利益和福利；诚信是指组织行为符合员工认可的行为规范和道德标准（刘星，高嘉勇，2010）。

组织层面的信任不同于人际信任。人际信任是一对一的关系，而组织可信性会受组织内外部多方面因素的影响（Gillespie，Dietz，2009）。外部因素包括外部监管和社会声誉，内部因素包括领导和管理实践、文化和氛围、战略、组织结构以及政策和流程。这些因素尤其是组织内部因素，极有可能造成组织层面的失误。当失误发生时，组织应该分四个阶段采取应对措施：即时应对、诊断原因、实施干预和评估反馈。第一阶段即时应对，组织要发表声明承认失误，表达后悔，承诺将全面展开调查，投入资源防止失误再次发生，并采取实际行为针对已知的原因进行处理。第二阶段诊断原因，组织要保证信息的准确、及时、透明。第三阶段实施干预，如果组织确有过错，就应该向对方道歉，并根据诊断原因和失误类型采取适当的修复措施。最后的评估反馈阶段，同样要保证反馈信息的准确、及时和透明。

上述措施主要通过控制不信任（distrust regulation）和展示可信性（trustworthiness demonstration）两种机制来影响员工对组织可信性的感知。控制不信任是通过制度性修补（如惩罚和制裁）来增强监督和控制，防止今后再发生类似失误。如果组织能主动采取控制措施约束不可信行为，员工感知的组织可信性会更强。可信性展示是通过口头应对（如道歉或否认）和实际行动，积极展示组织的能力、善意和诚信，正面提升组织的可信性。持续不断地从正面展示组织的可信性，有助于恢复员工对组织的信心。控制不可信行为与展示可信性，二者互为补充，各有所长。可信性展示对于能力型失误更有效，而不信任控制对诚信或善意缺失更有效（Gillespie，Dietz，2009）。

在信任修复过程中，每个阶段采取的措施都涉及组织系统中的多个要素。要保证信任修复的效果，首先必须保证所有要素传递的"信号"一致，无论是展示可信性还是约束不可信行为。如果不同要素传递的"信号"不一致，甚至自相矛盾，修复措施的效果就会大打折扣。例如，组织在培训过程中强调员工的行为要遵守道德准则，但工作场所却鼓励不道德行为，或者绩效评价只重结果不同方式，这样很难展示组织的道德水平和诚实可信。另一方面，组织可信性包括能力、诚信和善意三个维度。组织层面的失误会危及可信性的多个方面，一旦某个维度被破坏，其他维度也会受影响，但是如果某个维度被修复，其他维度不一定随之被修复（Kim，Ferrin，Cooper，等，2004；Dirks，Kim，Cooper，等，2005）。这意味着修复措施的效果取决于它对可信性所有维度而非某一个维度的修复程度。

吉雷斯比（Nicole Gillespie）和迪兹（Graham Dietz）的模型着眼于组织层面，认为组织层面的信任修复涉及系统的多个方面，不能将人际信任修复策略照搬到组织层面。其次，它将信任和不信任看作是两个不同的概念，而非同一概念的不同水平，强调信任修复过程中信任和不信任同时存在。

二、基于归因认知的信任修复

（一）归因模型

汤姆林森（Edward C Tomlinson）和梅尔（Roger C Mayer）的归因模型既可以解释信任违背后施信方的心理反应，也可以解释信任修复措施的作用过程（Tomlinson，Mayer，2009）。参照归因理论，负面结果的出现会让人感到不悦，进而对这一结果进行认知层面的意义建构，首先初步判断原因的归属，然后再深入分析原因源、可控性和稳定性（Weiner，1987）。归因结果会让个人产生特殊的情感反应，例如生气、担心。在信任发展过程中，如果出现负面结果，施信方会重新评估受信方的可信性（包括能力、善意、诚信），进而决定要不要信任对方。

信任修复措施（如口头应对措施）可以通过归因认知来影响受害者对失信方可信赖性的评价，进而影响信任。例如，"否认"可以将原因源由受信方内在因素转向外在因素；"辩解"将原因指向不可控的和/或不稳定的因素；"道歉"

暗示原因是不稳定的；"正当化"可以减弱结果的负面性。值得注意的是，归因受一系列因素影响，例如施信方的归因偏见、信任双方的关系质量、事件的严重性程度等，这些都会影响归因认知以及信任修复措施对各归因维度的作用强度。换句话说，失信方试图通过信任修复措施传递的信息，施信方不一定相信，也不一定接受。如果信任违背的原因没有任何模糊不清，确实是受信方的过错，那么否认或辩解就不太可能有效。如果受信方的社会地位很高，即使归因于外在因素和不可控因素，也不能稀释其过错（Lee，Peterson，Tiedens，2004）。另一方面，即使信任修复措施促进施信方做出了对受信方有利的归因，也不一定能改变施信方的可信性判断和信任意图，因为个人的和解意愿和宽恕意愿（或宽恕倾向）也会影响信任修复（Tomlinson，Dineen，Lewicki，2004；Xie，Peng，2009；张正林，庄贵军，2010）。如果施信方觉得信任违背"可以理解但不能原谅"，他们不一定会继续信任对方。

对于归因在信任修复中的中介作用，现有实证研究未能提供有力的支持。理论假设主张，归因稳定性中介信任修复措施（道歉和承诺）对信任期望的影响，也中介信任修复措施对特定情绪的影响，研究结果却发现修复措施对归因稳定性的主效应不显著（Tomlinson，2004）。赵燕妮和张淑萍（2018）将归因视为调节变量，比较分析不同归因情景下不同信任修复策略的作用效果，研究发现在外部归因情境下，约束策略对能力信任、善意信任和总体信任的修复效果更好。

（二）双边互动模型

信任修复过程可被看作是信任双方针对不一致信念的认同协商过程（Kim，Dirks，Cooper，2009）。受信方主张自己是可信的，而施信方却倾向于认为它是不可信赖的，信任能否被修复取决于双方信念的相对强度。如果受信方的应对措施强劲有力，足以战胜施信方的抵制性信念，信任修复就会成功；如果双方的信念都比较强，旗鼓相当，就会呈现出对峙局面；如果双方信念都比较弱，就会处于逃避问题的状态；如果施信方的信念强于受信方，结果即为不信任（如图 2-5 所示）。

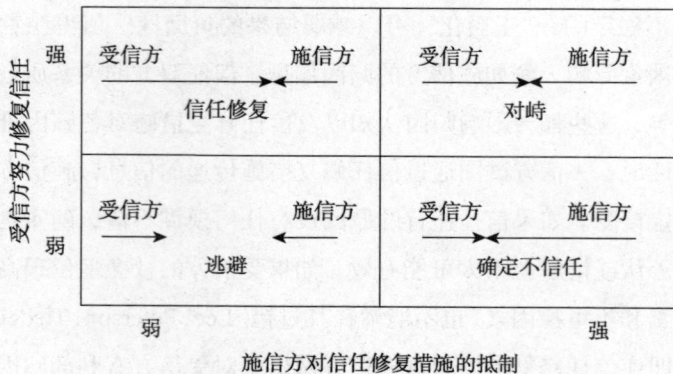

图 2-5　施信方和受信方的认同协商结果

资料来源：Kim P H，Dirks K T，Cooper C D. The repair of trust：A dynamic bilateral perspective and multilevel conceptualization[J]. Academy of Management Review，2009，34(3)：401-422.

　　信任双方的不一致信念表现在三个层面（如图 2-6 所示）：①受信方是无辜的还是有过错？②如果受信方有过错，其过错应归因于情境还是个人？③如果归因于个人，其不足之处是否可以改变？第一层面，受信方更希望自己是无辜的，而施信方倾向于先相信对方有过错，哪怕只是传言。第二层面，受信方倾向于强调外因的作用，但施信方会弱化情境的影响，将原因归结于受信方的内在因素。这是常见的基本归因偏差。第三层面，受信方试图将事件解释为能力不足，表示今后可以改善；而施信方会将它看成诚信或善意问题，担心今后会再次发生。

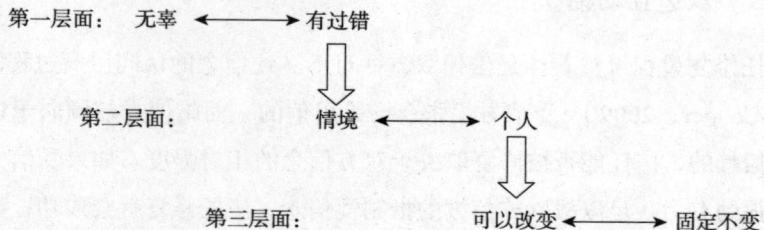

图 2-6　信任修复的双边互动模型

资料来源：Kim P H，Dirks K T，Cooper C D. The repair of trust：A dynamic bilateral perspective and multilevel conceptualization [J]. Academy of Management Review，2009，34(3)：401- 422.

受信方可以在三个层面通过多种方式解决双方信念的不一致，进而修复信任。这三个层面相互联系，循序渐进。如果受信方是无辜的，就应该作出否认或辟谣等反应；如果受信方确实有过错，则将修复措施聚焦在第二层面，即承认自己有过错，但将错误归因于外在因素；若原因是内在因素，受信方应该通过承诺或预防机制来保证未来不再发生类似情况。当然，各层面信任修复的成功都取决于施信方和受信方作用力的相对强度。在其他条件不变的情况下，对于受信方而言，最好能在最宽泛的层面（第一层面）解决问题。如果能证明自己是无辜的，既说明受信方确实值得信赖，又可以推翻或弱化施信方的抵制性信念。此消彼长，受信方更占优势，信任修复相对容易一些。

双边互动模型实际上也是着眼于归因过程。模型中的三个层面对应于归因认知过程的不同环节，第一层面是否无辜是初步判断，第二层面是原因源判断，最后是稳定性评价。模型的创新之处在于强调信任修复取决于施信方和受信方的相对作用强度。也就是说，在信任修复过程中，施信方不是被动的观察者。他们会主动进行归因，形成并巩固自己的信念，抵制受信方试图植入的信念。双边互动模型其实也是一个"行动指南"，指导受信方在特定情况下采取适当的归因策略。对于受信方来说比较有利的归因策略依次是：①证明自己无过错，②将过错归因于情境因素，③将过错归因于不稳定的内在因素。模型的不足之处在于未说明哪些因素会影响受信方和施信方的相对作用强度。

三、基于情绪的信任修复

（一）情绪研究的两种模式

情绪是一种复杂的心理活动，包括效价、指向性、确定度、投入度以及结果评价等多个维度（Smith，Ellsworth，1985）。情绪研究分为两种模式：一种是基于效价的情绪研究，以效价为区分研究正面情绪和/或负面情绪的前因后果，另一种是特定情绪研究，以情绪的认知评价维度为基础研究特定情绪的形成机制及其影响。

1. 基于情绪效价的研究

在心理学领域，早期的情绪研究主要是关注效价，探讨正面情绪和/或负面情绪对决策判断的影响，代表性理论包括心境一致性效应（mood congruency effect）和情感即信息理论（affect-as-information model）。

心境一致性效应是指人们倾向于做出与自己所处情绪状态一致的判断，即在心情好的状态下做出乐观判断，而在心情不好时做出悲观判断。有研究者用关联性记忆结构中的情感满溢（affect-laden）概念来解释这一效应。他们认为，情感启动或激活了记忆中与当前情感状态相关联的概念，而个人以此为线索来提取记忆中的特定信息，或者解释与判断相关的模糊证据（Bodenhausen，Sheppard，Kramer，1994）。最终结果是引导个人做出与当前心境效价一致的偏差性判断（Forgas，Moylan，1987）。施瓦茨（Norbert Schwarz）和克洛尔（Gerald Clore）对此给出了不同解释。他们认为，心境一致效应与记忆处理没有太大关系，它是因为个人直接将当前情感作为判断过程中的信息投入，情感即为信息（Schwarz，Clore，1988）。也就是说，个人并不是整合与判断任务有关的外部信息以及自己的记忆和联想，而是直接问自己"我感觉怎么样"，以自己的感受为标准，简单而快速地作出判断（严霞，2008）。如果提示个人，他们当前的情感状态实际上是基于一些与判断任务无关的因素（例如天气），则心境一致性效应不复存在（Schwarz，Clore，1983）。

尽管对情绪的作用机制解释不同，但这两种理论都是以情绪的效价为基础，比较正面情绪和负面情绪对决策判断的影响。实际上，即使是同一效价，不同的特定情绪在前因性评估、面部表情、生理以及神经系统反应等方面都存在差别。单纯考虑情绪效价对判断选择的影响，可能会掩盖特定情绪的一些具体信息，所以越来越多的研究开始探讨特定情绪对判断选择的影响。

2. 基于特定情绪的研究

勒纳（Jennifer S Lerner）和克特纳（Dacher Keltner）以情绪的认知评价理论和功能（进化）理论为基础，提出了评价倾向理论（appraisal-tendency approach）。根据认知评价理论，情绪依赖于短时的或持续的评价。不同情绪的区别表现在六个评价维度上，即确定性、愉悦感、注意活动、控制性、预期的努力和责任（Smith，Ellsworth，1985）。每种情绪都由一个描述其核心意义或主题的中心维度来界定（Ellsworth，Smith，1988）。其次，从情绪动机理论的角度来看，情绪会引发一系列生理体验和行为反应，促使个人迅速处理当前面临的问题或机会。重要的是，与情绪相关的认知会中断正在进行的认知过程，直接转向对情绪诱发事件的注意、记忆和判断。既然特定情绪是由中心维度界定的，所以在评估事件时每种情绪激活的认知倾向与其中心评价维度应该是一致的，称之为情绪的评价倾向（Lerner，Keltner，2000）。

效价相同但评价倾向不同的情绪，对个体的判断选择有不同的影响。例如，恐惧情绪由不确定性、不愉快以及情境控制三个中心评价维度界定，与之相关联的评价倾向是感知的不确定和情境控制，因而恐惧者对新环境的风险感知会更大。愤怒情绪则相反，它是由感知的确定性、不愉快以及（其他）个人控制来界定，与之相关联的评价倾向是感知的确定性和个人控制，所以愤怒主体对新环境的风险感知较小（Lerner，Keltner，2000；Lerner，Keltner，2001）。

由此可见，效价决定了情绪对判断选择的影响方向（正向或负向），但同一效价下的特定情绪，因其评价倾向不同会对判断选择造成不同影响。在情绪效价的影响已经比较明朗的情况下，可以进一步分析特定情绪对决策和行为的影响。

（二）情绪对信任的影响

袁博、孙向超、游冉等人（2018）采用元分析方法探讨情绪对信任的影响，结果在一定程度上支持了"心境一致效应"，即积极情绪会使个体对他人或社会事件做出更积极的判断，增加对他人的信任。也有研究提出积极情绪会促使个体更多地运用环境中的信息影响其判断，从而削弱积极情绪的直接作用（Bodenhausen，1993），但后续研究发现，在积极情绪条件下被试可能并不会过多考虑他人的信息，而是依赖他们在情绪效价影响下的"第一感觉"作出评价（Bodenhausen，Kramer，Süsser，1994）。

相比积极情绪，消极情绪对信任的影响可能会更为复杂。在消极情绪状态下，个体的判断决策过程更加谨慎，大多会对情境中的各种信息进行比较深入的思考与分析，而较少直接借助已有的知识经验（Fiedler，2001；Bless，Fiedler，2006）。而且，消极情绪对个体的优势认知加工具有抑制作用（金静，胡金生，2015）。优势认知加工是大脑中指向当前任务的、主导性的、可及性最高的信息加工过程（Huntsinger，Sinclair，Dunn，等，2010）。如果施信方对受信方的初始印象是"可信任"，并以此作为优势认知，在消极情绪状态下这种印象会被抑制，从而降低信任水平。相反，如果施信方对受信方的初始印象是"不可信任"，并以此作为优势认知，在消极情绪状态下这种印象也会被抑制，从而提高信任水平。

情绪效价确实会影响信任，但不是所有正面情绪或者所有负面情绪都对信任有同样的影响。在六个评价维度中，控制性评价可能对信任的影响最大（Smith，Ellsworth，1985）。控制性评价是指，事件是由谁或者由什么来控制。不同情绪在控制性评价维度上可以相互区别，例如内疚、骄傲属于自我控制性评价，焦虑属于环境控制性评价，愤怒、感激属于他人控制性评价。只有以他人控制性评价为中心维度的情绪才会影响信任（Dunn，Schweitzer，2005）。愤怒是一种基于"事件是由他人控制"的认知评价而产生的负面情绪，而感激是一种基于"事件是由他人控制"的认知评价而产生的正面情绪。因此，愤怒情绪会减少信任，而感激情绪会增加信任。内疚和骄傲是基于自我控制而产生的负面和正面情绪，对信任没有影响。

确定性评价也是区分不同情绪的一个重要维度。确定性评价是指个人对未来事件可预测或易了解程度的评价。以高确定性评价为核心的情绪体验对信任影响不大，但以低确定性评价为核心的情绪体验就会影响信任（Myers，Tingley，2011）。这一论述逻辑与控制性评价相似，但强调确定性与强调控制性，可能会得出不一样的假设，即便是针对同一种情绪。例如，焦虑是一种基于低确定性、情境控制性评价的负面情绪，而愤怒是一种基于高确定性、他人控制性评价的负面情绪。两种情绪效价相同，但在确定性和控制性评价维度上相互区别。如果控制性评价是区分不同情绪是否影响信任最重要的因素，那么愤怒情绪比焦虑情绪对信任的负面影响更大。相反，如果确定性评价是最重要的因素，则焦虑情绪的负面影响更大。麦尔斯（Dan Myers）和廷利（Dustin Tingley）的实验结果表明，基于低确定性评价的负面情绪——焦虑，对信任行为有负面影响，但两种基于相同确定性而不同控制性评价的负面情绪——愤怒和内疚，对信任行为没有显著的影响（Myers，Tingley，2011）。这一结果与邓恩（Jennifer R Dunn）和施韦泽（Maurice E Schweitzer）的研究并不一致。两位研究者认为，原因可能在于对信任的不同测量，之前的研究采用问卷式量表来测量信任，而他们是通过信任博弈来测量信任，两种技术测量的构念不同，前者测量施信方感知的可信赖性，而后者测量施信方的信任行为。

（三）情绪对信任修复的影响

对于情绪在信任修复中的作用，相关研究同样包括情绪效价和特定情绪两种模式。一部分学者主要关注不同效价的情绪在信任修复中的作用，分析不同修复措施对正面情绪和负面情绪的影响（Bottom，Gibson，Daniels，等，2002）。研究表明，经济补偿、道歉等修复措施会激发消费者的积极情绪，而被激发的积极情绪在重建消费者信任的过程中发挥中介作用（杨柳，吴海铮，2016）。另一部分学者着重关注特定情绪对信任的影响。汤姆林森（Edward C Tomlinson）在研究中假设，信任修复措施通过稳定性归因影响受害者的特定情绪反应（希望和害怕），进而影响短期信任修复（Tomlinson，2004）。研究结果发现，修复措施对稳定性归因的主效应不显著，两种特定情绪中只有"希望"影响短期的信任行为并中介稳定性归因与短期信任行为之间的关系，"害怕"情绪对短期信任行为没有显著影响。汤姆林森（Edward C Tomlinson）和梅尔（Roger C Mayer）提出的归因模型进一步分析了归因与特定情绪之间的关系（Tomlinson，Mayer，2009）。除了稳定性，归因的原因源和控制性两个维度也会影响施信方的情绪反应。控制性归因意味着负面结果是受信方可以控制的，而愤怒情绪恰以他人控制性为中心评价维度，所以控制性归因可能引发施信方的愤怒情绪。稳定性意味着负面结果可能还会出现，而恐惧情绪是以感知的不确定性为中心评价维度，所以稳定性归因可能引发恐惧（害怕、担心）情绪。

严瑜和吴霞（2016）从情绪影响信任的线索依赖效应以及离散情绪(内疚、

羞愧、愤怒、悲伤等)对信任修复的影响着手,构建了道德情绪的信任修复模型。两位学者通过文献研究发现,内疚和共情这两种道德情绪是影响信任修复最重要的情绪因素。内疚能够促进受信方做出补偿行为,而共情能够促进施信方宽恕他人。关于道德情绪对信任修复的作用,也有待实证研究检验。

四、基于宽恕与和解意愿的信任修复

(一)宽恕与信任修复

宽恕是一种复杂的现象,既是个人内在的心理活动,也表现在人际层面。目前学术界对宽恕的界定尚未统一,却也形成了一些共识。

(1)宽恕是一种认知、情感和/或行为反应。恩莱特(Robert D Enright)及其同事将宽恕定义为受害者愿意放弃怨恨、谴责和报复冒犯者的权利,以同情、宽容甚至是爱来对待他/她。该定义强调,宽恕过程包括情感、认知和行为层面的变化(Enright and the Human Development Study Group, 1991)。

(2)宽恕是一种亲社会性的动机转变过程。麦卡洛(Michael E McCullough)等人认为,冒犯行为发生后被冒犯者会产生两种动机——回避动机与报复动机,宽恕就是被冒犯者减少回避动机和报复动机的亲社会性动机转变过程(McCullough, Rachal, Sandage, 等, 1998)。

(3)宽恕也可以作为一种个人倾向,是指基于个人特质原因,当被冒犯时个人会以一种善意的、仁慈的方式来中止自身的愤怒(马洁,郑全全,2010)。

宽恕对于修复或重建信任起着关键作用。道歉、实质性赔偿和宽恕对于重建合作关系来说必不可少。三者少其一,关系就会不平衡,变得更脆弱,随时会中断(Bottom, Gibson, Daniels, 等, 2002)。考虑宽恕对信任修复的影响,有助于加深对信任补救机制的理解(Schoorman, Mayer, Davis, 2007)。

1. 宽恕倾向对信任修复的影响

不同个体在宽恕他人的倾向上存在着稳定的差异。高宽恕倾向的人在决定是否宽恕对方时,不受冒犯行为严重性的影响,而低宽恕倾向的人对不同严重程度的冒犯行为会表现出非常大的差别(Brown, Phillips, 2005)。高宽恕倾向的人不容易受补偿形式的影响，无论经济补偿是自愿的还是非自愿的，对他们的信任判断影响不大。相反，对于低宽恕倾向的人来说，自愿性补偿会让他们感觉对方的悔意更强，从而更愿意再次信任对方（Desmet，De Cremer，Van Dijk，2010a）。作为一种个人特质，施信方的宽恕倾向对信任违背后的初始重购意愿和后续重购意愿都有显著影响，宽恕倾向越高，重购意愿越强（张正林，庄贵军，2010）。

2. 宽恕意愿对信任修复的影响

如果施信方愿意宽恕受信方的所作所为，信任违背造成的信任流失就会减少。实证研究中以宽恕为协变量的 ANCOVA 分析结果显示，宽恕意愿对信任违背后信任的流失以及不信任的增加都有显著的主效应；更愿意宽恕受信方的人，既不减少他们对受信方的信任，也不增加对受信方的不信任（Elangovan，Auer-Rizzi，Szabo，2007）。

在应对负面报道带来的信任危机时，企业信任修复措施所表现出的能力、诚信和善意会影响顾客的宽恕意愿，进而影响后续信任。顾客宽恕部分地中介感知的诚信和感知的能力对后续信任的影响，并且完全地中介感知的善意对后续信任的影响（Xie，Peng，2009）。也就是说，宽恕是信任修复的重要条件，而对可信赖性的重新评估是推动顾客宽恕的关键过程（Chung，Beverland，2006）。

（二）基于和解意愿的信任修复

信任违背可能会动摇信任关系存在的基础，所以在信任重建之前关系双方应达成和解（Tomlinson，Lewicki，Dineen，2002）。和解与信任重建是信任修复的两大必备要素。信任违背发生后，如果双方共同致力于重建受损的关系，则有可能达成和解；在和解前提下，信任的重建才有可能实现。

1. 和解的定义

现有研究文献对和解的定义比较宽泛，相关论述主要强调两点。

其一，关系修复是和解的结果表现。当双方共同致力于重建受损关系，和解就会实现。在研究中，汤姆林森（Edward C Tomlinson）使用三个比较宽泛的问题来测量和解意愿，即"你与××继续维持商业关系的可能性有多大""鉴于××的所作所为，你在多大程度上愿意让××试着与你和解""你觉得你们的关系回到从前的难度有多大"（Tomlinson，Dineen，Lewicki，2004）。阿基诺（Karl Aquino）等人将和解定义为受害者努力对冒犯者做出有善意的行为，试图修复或重建受损关系（Aquino，Tripp，Bies，2001）。他们参考宽恕量表中的调解（conciliation）子量表来测量和解，测量问题包括："我给他们一个新的开始，重建我们的关系""我接受他们的为人、缺点和不足""我尽自己最大的努力撇开对他们的不信任""我接受他们""我努力让自己对他们更友好、更关心"。

其二，和解强调关系愈合的过程而不只是结束关系冲突。科尔曼（Herbert C Kelman）指出，实现和平的过程有三种：冲突处理、冲突解决与和解（Kelman，2010）。冲突处理作用于利益层面，冲突双方就资源如何分配达成共识。冲突解决作用于关系层面，旨在修复敌对双方的信任，建立实用的伙伴关系，让双方都觉得合作是自己最优的选择。和解是双方认同发生改变的过程，它意味着消除对对方的否认，认可对方的言辞却不一定全部认同。在此过程中，还要消除有碍于关系愈合的、与冲突相关的情绪障碍，方能实现和解（Shnabel，Nadler，2008）。

2. 和解意愿的影响因素

汤姆林森（Edward C Tomlinson）等人发现，和解意愿受和解策略和双方关系特征影响（Tomlinson，Dineen，Lewicki，2004）。在信任违背情境下，和解策略是指受信方修复措施的特点，包括道歉类型，行动及时性以及诚意；关系特征是指信任违背发生的背景，包括以往的关系特点以及未来发生信任违背的可能性。对于和解策略，受信方一定程度上还可以控制，但关系特征就比较难控制。和解策略与关系特征对和解意愿的影响，因信任违背重大性而异。信任违背的重大性（magnitude of violation）是指信任违背在多大程度上动摇了关系根本，或者说，它造成的后果有多严重。当信任违背造成的后果很严重时，即使受信方的道歉很及时很有诚意，即使以往关系很好而且信任违背再次发生的可能性不大，施信方的和解意愿也会较低。

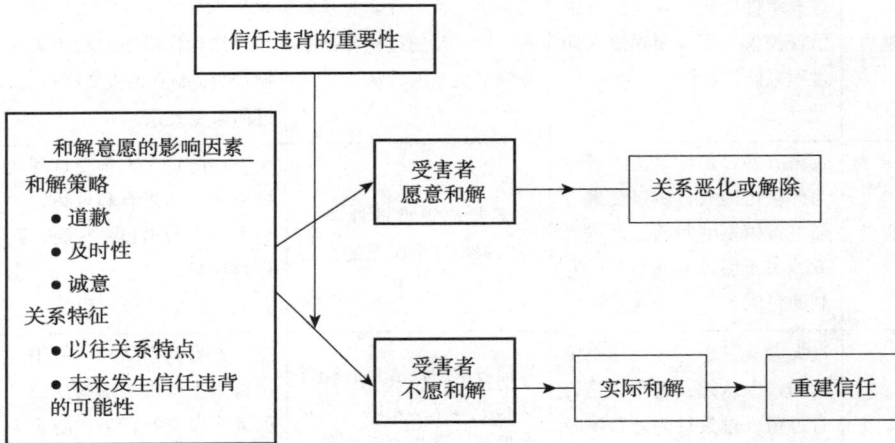

图 2-7　和解与重建信任的概念模型

资料来源：Tomlinson E C，Dineen B R，Lewicki R J. The Road to Reconciliation：
Antecedents of Victim Willingness to Reconcile Following a Broken Promise [J].
Journal of Management，2004，30(2)：165-187.

五、基于关系视角的信任修复

德克斯（Kurt T Dirks）等人将信任修复视为关系修复的一个要素，进而从关系修复视角对信任修复模型进行了归纳（Dirks，Lewicki，Zaheer，2009）。他们认为，过失行为（transgression）对关系的破坏性体现在三个方面——信任流失（认知）、负面情感以及消极的交换行为，关系修复就是要让关系回到积极状态。具体来说，过失方可以从三个方面着手来修复关系（如表 2-4 所示）：①改变受害者对过失事件的归因认知，通过认知过程来修复信任；②通过社会仪式来重新确定关系规范，修复关系的均衡；③通过结构性调整或者使用其他符号来提供可信的保证，保证积极的交换行为，阻止今后再出现过失行为。

表 2-4 关系修复的不同视角

	归因性修复	社会均衡性修复	结构性修复
视角	过失事件经归因认知而导致信任流失，所以要通过认知过程来修复信任	过失事件致使社会关系失衡，所以要通过社会程序来修复关系的均衡	过失事件导致积极交换行为减少，消极交换行为增加；通过结构性措施鼓励积极交换行为，制止消极交换行为，进而修复关系
假设	过失方的可信性是受害者行为的决定因素，所以受害者会进行慎重的归因，而过失方致力于引导形成对自己有利的归因	受害者希望维持社会规范，保持社会关系的均衡	关系中的每个人都受自利动机驱使，如果有利可图，过失方就会做出过失行为；同样，如果对自己有利，受害者也会愿意维持关系
修复策略	过失方从三个方面引导受害者的归因认知：过失方是否有过错，过失行为是否反映其本性以及是否有悔改之意；具体策略：社会申诉、道歉、否认、赔偿	目标对象通过适当的社会仪式来修复双方地位和关系规范，重建关系均衡；具体策略：赔偿、惩罚、道歉	过失方会调整结构或使用其他符号来提供可信的保证，保证积极交换行为，防止今后发生过失行为；具体策略：法律性补救措施（激励、监视），社会结构
研究示例	Gillespie, Dietz, 2009; Kim, Dirks, Cooper, 等, 2006; Kim, Ferrin, Cooper, 等, 2004; Rhee, Valdez, 2009; Tomlins, Mayer, 2009	Bottom, Gibson, Daniels, 等, 2002; Bradfield, Aquino, 1999; Reb, Goldman, Kray, 等, 2006; Ren, Gray, 2009	Gillespie, Dietz, 2009; Lindskold, 1978; Nakayachi, Watabe, 2005; Sitkin, Roth, 1993

资料来源：Dirks K T, Lewicki R J, Zaheer A. Reparing relationships within and between organizations: Building a conceptual foundation[J]. Academy of Management Review, 2009, 34(1): 68-84.

归因性修复关注受害者对过失方行为的心理认知过程。过失行为传递的负面信息致使受害者对过失方的意图作出负面推断，因此修复措施要提供可以阻止负面推断的信息，让受害者认为过失行为不能反映对方的真实特点，或者过失方已有悔改之意。归因性修复有助于理解如何修复关系的内在认知成分，但不太适用于修复关系中的社会或人际成分。过失行为破坏了关系双方之间的社会秩序（social order），对双方的相对地位提出了质疑，动摇了维持关系的既定规范，造成了关系双方的社会不均衡（social disequilibrium）。因此，要修复关系最重要的是通过修复双方的相对地位重建关系均衡，并且通过各种社会仪式（social rituals）重新确定关系规范。这些社会仪式，例如道歉、赔偿、惩罚，有助于了结关系中的负面因素，重建正面期望。社会均衡在很多情境下都至关重要，无论是组织内部还是组织之间（Reb，Goldman，Kray，等，2006），又或者是个体之间的交换（Bottom，Gibson，Daniels，等，2002）。社会均衡性修复措施有助于减少负面情感，恢复积极的交换行为（Ren，Gray，2009）。

归因性修复关注受害者的内在认知，社会均衡性修复关注关系均衡，二者均未考虑关系双方的交往结构、体系以及刺激因素在关系修复中的作用。归因性修复致力于引导受害方的认知；社会均衡性修复着眼于关系中的社会或人际层面；结构性修复则试图改变关系所在的情境，建立新的结构、新的体系或刺激因素，以阻止今后再出现过失行为。过失方可以采取制度性补救措施，使用各种控制手段（如政策、程序、合同、监督）来增加未来行为的可信性，即通过"不信任控制机制"来修复信任（Gillespie，Dietz，2009）。与归因性修复和社会均衡性修复不同，结构性修复主要是修复关系双方积极的交换行为，而不一定能修复信任或减少负面情感。也就是说，信任不一定被修复，但是关系可以延续。

以上三个方面相互关联，在某些条件下可以相互促进。例如，归因性修复和社会均衡性修复可以互为补充。社会均衡性修复措施在减少负面情感的同时，也可以减少一些归因认知上的负面偏见。反过来，如果过失方将过失行为归因于不可控或不稳定要素，受害者的负面情感就会减少，重建规范的需要也会相应减少。结构性措施有助于形成或重建关于失当行为的规范，防止未来出现过失行为，也可以促进或辅助社会均衡性修复。

综上所述，信任修复是关系修复的一种表现；信任修复的结果是使信任恢复到之前的状态；实现这一结果的过程，可以被看作是双方和解的过程；信任修复措施可以通过认知和情绪两种途径，作用于施信方对受信方的可信赖性评价和宽恕意愿，进而实现和解与信任修复。根据概念之间的逻辑关系，可以将目前有关信任违背、信任修复策略以及信任修复过程的研究框架整合到一起（如图2-8所示）。

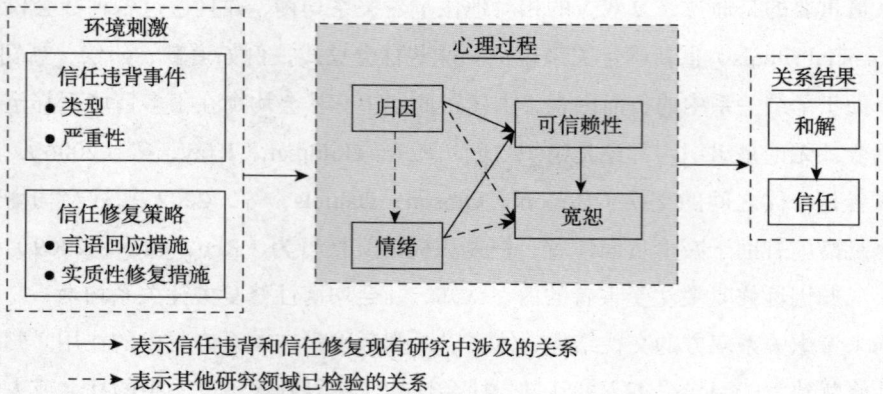

表示信任违背和信任修复现有研究中涉及的关系
- - -► 表示其他研究领域已检验的关系

图 2-8   信任违背和信任修复研究的整体框架

信任违背事件作为一种环境刺激会引起施信方的心理反应，而施信方的心理反应决定了信任双方的关系结果。同理，信任修复策略作为新的环境刺激也会作用于施信方的心理过程，进而影响关系结果。归因认知、负面情绪、可信赖性评价以及宽恕，是信任违背和信任修复过程中的重要心理变量。归因认知是负面情绪产生的基础，也是影响可信赖性评价和宽恕意愿的重要因素。负面情绪会影响施信方对受信方的可信赖性评价和宽恕意愿，其中可信赖性评价也会影响施信方的宽恕意愿。基于归因认知和负面情绪形成的可信性评价和宽恕意愿，直接影响关系和解和信任修复的实现。现有理论研究着重强调归因和情绪在信任违背和信任修复中的作用，但相关实证研究未能提供强有力的支持。除了归因和情绪之外，信任违背事件以及信任修复策略的影响是否通过其他心理机制实现，也值得进一步探讨。

第三章
定性研究

　　本章通过网络投诉分析和访谈研究，探讨服务不诚信行为的类型、不诚信行为发生后顾客的认知、情绪和行为反应以及顾客期望的信任修复措施和服务企业实际提供的修复措施。在内容分析基础上梳理概念之间的逻辑关系，初步识别服务不诚信行为对顾客信任的影响机制。

　　内容分析法采用一系列程序对文本内容进行逻辑推理，从文本中提取内容类别，并将这些类别聚合成可以理解的概念，所分析的文本数据可以是各种类型的沟通资料，例如传媒信息、访谈手稿以及网站上的图文资料等（Stepchenkova，Kirilenko，Morrison，2009）。内容分析法的基本实施步骤包括：①提出研究问题，明确研究的目标；②确定研究范围，包括指定主题领域和确定时间段；③抽样；④选择分析单元，可以是独立的字、词、符号、主题、整篇文章或报道；⑤建立具有互斥性、完备性和信度的分析类目；⑥建立量化系统；⑦内容编码；⑧分析数据资料；⑨解释结论；⑩信度和效度检验。上述步骤有些可以合并,不一定按固定的程序进行（邬友倩，2007）。

第一节　服务不诚信行为与企业应对

　　本项研究从人民网旅游"3·15投诉平台"①以及新浪网旗下"黑猫投诉"平台②搜集投诉资料，从顾客视角来分析服务不诚信行为的具体表现。在人民网旅游投诉平台，我们先使用八爪鱼采集器采集投诉数据，再从中选择投诉正文中包含"诚信"的文本。新浪黑猫投诉平台目前并未区分服务板块，我们以"服务"加"诚信"为关键词来搜索投诉文本，然后按以下标准进行筛选：①投诉涉及的服务属于B2C服务，而非C2C或者B2B服务；②投诉正文包含顾客对服务提供者的诚信评价。最后一共筛选了76份投诉资料，其中人民网投诉平台31份（编号为P1—P31），黑猫投诉平台45份（编号为S1-S45），范围涉及旅游、零售、出行、房产中介、快递、通信等服务行业（如表3-1所示）。

表 3-1　网络投诉资料基本情况

服务类型	投诉数量	投诉材料编号
餐饮服务	1	S17
产品售后服务	1	S31
出行服务	15	S1、S2、S3、S4、S5、S8、S10、S11、S15、S19、S22、S24、S29、S34、S37
房产中介服务	2	S32、S35
家居服务	1	S27
快递服务	2	S25、S44、S6、S7、S9、S12、S13、S14、S16、S18
零售服务	19	S20、S21、S23、S26、S28、S30、S38、S39、S41、S42、S45
旅游服务	32	S40、P1-P31
培训服务	1	S33
通信服务	2	S36、S43

---

① http://travel315.people.com.cn.

② https://tousu.sina.com.cn/.

以词组为最小分析单元，以服务不诚信行为发生的情景、服务不诚信行为的主体、顾客对服务提供方的诚信评价、顾客投诉诉求、企业应对方式作为主类目，提取投诉文本中的内容要点，在此基础上提炼出次级类目，形成分类框架（如表 3-2 所示）。两位编码者分别使用该框架对投诉文本进行编码，次类目的一致性系数为 85.3%。

表 3-2　投诉内容的分类框架

主类目	次类目	操作性定义
服务情景	服务促销	服务性企业面向目标顾客以及公众的线上或线下营销沟通活动
	服务预订	顾客通过电话、互联网以及其他方式预先购买服务性企业提供的产品或服务
	服务生产	顾客实际享受服务性企业所提供服务内容的过程
	服务补救	在服务失败或出现错误的情况下，服务性企业或服务员工作出的补救性应对
	服务退出	顾客与服务性企业解除服务合约（或取消订单），终止使用服务
行为主体	服务企业	不诚信行为属于服务性企业的组织行为
	服务员工	不诚信行为属于服务员工的个人行为
行为类型	承诺违背	服务提供方未履行其书面或口头承诺
	信息不诚信	服务提供方在沟通中提供的信息不真实、不完备、不一致
	强制消费	服务提供方以强制性或诱导性的手段，使消费者做出违背其真实意图的选择
诚信评价	服务企业不诚信	顾客将不诚信行为归责于服务性企业，认为企业不诚信
	服务员工不诚信	顾客将不诚信行为归责于员工个人，认为服务员工不诚信
投诉诉求	承认过错	顾客要求服务提供方承认不诚信行为是自己的过错，承担责任
	道歉	顾客要求服务提供方以口头或书面形式表达歉意，承诺解决问题
	解释	顾客要求服务提供方说明行为或事件背后的原因
	履约践诺	顾客要求服务提供方履行承诺，按承诺的时间和内容提供服务
	退货退款	顾客向服务提供方退还货品，要求服务提供方退款
	更换产品或服务	顾客要求服务提供方提供其他能满足需要的产品或服务，以代替原定的产品或服务
	赔偿	顾客要求服务性企业对自己所受的损失进行经济补偿
	内部惩罚	顾客要求服务性企业对不诚信行为的个人采取惩罚措施
	外部监管	顾客希望第三方机构对服务性企业进行监督和管制

主类目	次类目	操作性定义
应对方式	不作回应	服务性企业未回复顾客投诉
	回复受理投诉	服务性企业向顾客反馈投诉处理进度
	拖延处理	服务性企业延长对顾客投诉的处理时间
	道歉	服务性企业向顾客表达歉意，承诺解决问题
	解释	服务性企业向顾客说明行为或事件背后的原因
	退款	服务性企业向顾客退还部分或全部款项
	赔偿	服务性企业对顾客的损失进行经济补偿
	提供原定的服务	服务性企业按原先承诺的时间和内容提供服务
	提供替代服务或产品	服务性企业向顾客提供其他能满足其需要的产品或服务，以代替原定的产品或服务
	拒绝	服务提供方拒绝顾客提出的服务补救方案或投诉诉求
	否认责任	服务提供方否认不诚信行为是自己的过错，不愿意承担责任
	言语攻击	服务员工在言语上以敌对的姿态来对待顾客

一、服务接触中的不诚信行为

（一）服务不诚信行为的类型

本项研究中，服务不诚信行为是指服务提供者（即服务性企业和服务人员）在与顾客接触过程中的不诚信行为。网络投诉中提到的服务不诚信行为主要包括三类——承诺违背、信息不诚信和强制消费（如表 3-3 所示）。承诺违背包括

表 3-3　服务不诚信行为的类型

行为类型	子类别
A. 承诺违背	A1. 未按承诺的时间提供服务
	A2. 未按承诺的内容提供服务
	A3. 擅自更改服务承诺
B. 信息不诚信	B1. 隐瞒相关信息
	B2. 提供虚假信息
	B3. 前后信息不一致
C. 强制消费	C1. 设置障碍让顾客无法取消服务
	C2. 未提示顾客自动扣取服务费
	C3. 通过威胁性的语言和行为强迫顾客消费

未按承诺的时间提供服务、未按承诺的内容提供服务以及擅自更改服务承诺；信息不诚信包括隐瞒相关信息、提供虚假信息和前后信息不一致；强制消费包括通过威胁性的语言和行为强迫顾客消费、设置障碍让顾客无法取消服务以及未提示顾客自动扣取服务费。如果说承诺违背对应于诚信内涵中的"信守承诺""言行一致"，信息不诚信对应的是"诚实无欺"，则强制消费对应于"公平公正"。这些行为都违反了企业理应遵守的诚信经营原则。

1. 承诺违背

承诺违背是指顾客投诉数量最多的服务不诚信行为，主要包括服务提供方未按承诺的时间提供服务以及未按承诺的内容提供服务。一些租借类服务（如共享单车、共享汽车等），通常需要向顾客收取一定数额的押金，服务结束后在规定的时间内退还押金给顾客。当服务性企业或服务人员未按照承诺的时间退款时，顾客会认为企业"拖延时间"（S1）、"欺骗消费者"（S1）、"有失作为商家的诚信"（S3），即便"费用不算多，但这样无期限地拖延下去，就对这家公司的诚信产生了怀疑"（S4）。在服务补救过程中，服务人员会向顾客承诺回复的时间，未在约定时间内回复顾客也会被视为不诚信。

我就想知道，信口开河没有一点信用可言的这种互联网企业，是怎么能够经营下去的？我从7月13日开始反馈问题，到7月18日得不到解决，每次就会让我等，承诺的回复从来没有按时回电。（P11）

服务订单是服务性企业与顾客之间就服务时间、服务内容、服务质量等方面的权利和责任，以文本形式进行的、规范的约定。如果企业单方面修改甚至取消服务订单，顾客就会认为企业违反约定，不讲诚信。

后来卖家在未有任何通知的情况下，单方面强制取消订单，并退款。飞猪方面的各项保障如同废纸，毫无诚信可言。（P10）

服务促销活动中，有关活动优惠或奖励措施的文字描述同样被视为书面承诺，服务性企业不能变相减少或擅自取消。事先提供高额奖励吸引顾客而事后却以差错为由减少奖励金额的做法，在顾客看来就是虚假营销宣传。

本人因为活动优惠被吸引到该网站旗下的手机agoda应用注册账号并成功

领取 88 美元券，但时隔数小时后雅高达官方发布信息表示 88 美元券纯属系统错误，并马上把已发放的美元优惠券全部改为 88 元人民币券，大幅缩水。（P9）

虽然口头承诺不像合同条款那样具有法律效力，但"信守承诺"是社会交往双方应该遵守的基本道德规范，所以不兑现口头承诺也是一种不诚信行为。尤其是在服务失误情形下，顾客对企业本来就心存芥蒂，言而无信的服务补救只会让顾客愈发觉得企业不可靠。

三问携程，你们承诺的到 30 号回去的住宿 1800 元，加上 30 号的机票差额 960 元，共计 2760 元不含餐的补偿怎么就敢在我回来以后减到 1200 元？诚信呢？良心呢？（P30）

2. 信息不诚信

按照信息经济学的观点，如果交易双方信息对称，就可以通过签订完备的契约来减少甚至杜绝失信行为的发生。然而，顾客和服务性企业之间明显存在信息不对称，顾客对服务的了解远不如服务提供方，这为不诚信行为的发生创造了有利条件。服务过程中的信息不诚信行为表现为服务提供方隐瞒相关信息、提供虚假信息以及前后提供的信息不一致。

在服务销售过程中，服务人员可能会为了促成交易而隐瞒相关信息，甚至提供虚假信息，让顾客在信息不实的情况下做出消费选择，这不仅影响顾客对员工个人的诚信评价，也影响顾客对企业诚信的判断。

事情的重点，在于到店后前台是否有明确告知需补差价，有无明确说出除了"免费"这一词外的任何数字。（P3）

在本次芽庄旅行中，导游带进店，推荐购买声称是越南国企生产的乳胶产品，但 Pos 机刷卡付钱后，收款商户却是云南省弥勒市盛华商贸有限公司。在越南购买越南国企生产的乳胶产品，钱款却付给了中国企业。因此怀疑旅行社和国内串通，冒充国外商家，对导游的诚信及产品的质量产生了巨大的怀疑。（P2）

其次，有关服务失误原因的解释应该是真实的、合理的。很多时候顾客可以通过一些手段来核实服务企业或服务员工给出的理由、原因是否属实。虚假不实的解释性信息会加剧事情的严重性，使服务失误升级为服务诚信问题。

但飞猪客服回复本人航空公司不让退票，也不能免费改签。本人致电胜安航空公司得到的信息是他们没有规定不能退票，而是指不能由乘机人来申请退票，因为该交易是通过第三方也就是飞猪订的机票，所以退票要由原订票方飞猪来操作，在航空公司的官网上也是这么说明的。（P19）

联系客服反映说会对员工处罚，多次强调在"准时达"时间内没法处理，还说当时业务员离我家近可能就在楼下，我家在一楼，订单送达后特意到门口等着，没看到人影，接近十分钟后骑手才到！到了就是到了，没到就是没到，诚信何在服务何在？（S17）

旅游服务具有很强的季节性，在淡季和旺季服务预订价格存在较大差别，对此顾客是可以接受的，但如果在短暂时间内价格发生较大变化，顾客就会认为企业存在价格欺诈。

付款前在去哪儿网和携程反复对比确认机票价格皆为 1740 元，但因本人交了去哪儿网的银牌会员费，故决定机票酒店都在去哪儿网预订，预订前还特意刷新了一下价格仍为 1740 元，就输入密码付款，输入完毕后系统提示扣款2160 元。我给去哪儿网打电话，客服说机票价格是随时变动的，要在支付时确认。对于这个回复我有几点疑问：1. 客户锁定航班号到付款界面的价钱应该是最终价钱，所有平台都会预留一定的时间支付，而不是在输入密码的过程中随意加价，此举有严重欺客行为……（P20）

3. 强制消费

强制消费是指服务提供方以强制性或诱导性的手段，使消费者做出违背其真实意图的选择。本次研究中，强制消费既包括服务生产阶段服务员工通过威胁性语言和行为强迫顾客消费，也包括服务退出阶段的退出障碍。为了不让顾客退出服务，一些服务性企业故意设置了一些障碍条件或者消费陷阱，甚至在顾客不知情的情况下自动扣取费用。

7 月 1 日我本来是要退押金的，但是摩拜单车把退押金和购买半年服务的按钮放在一起，按钮距离很小，而且按钮也很小，导致我误操作购买了半年服务……摩拜单车靠这种购买按钮与退款按钮放在一起且不做二次确认的方式进行诱导性销售，以诱骗手段强制消费者消费，有违市场公信原则与商家诚信

宗旨。（S34）

　　每个月有信都扣除我 15 元的会员费，而且是在我不知情的情况下自动扣除，因为本人手机设定晚上 12 点自动关机，所以一直不知道有信半夜扣费的事情，有信也从未给我发过提醒或扣费的通知，就属于盗窃行为！可耻！强烈投诉这家网络科技公司无德无诚信的行为！（S43）

（二）不同服务情景中的不诚信行为

　　从行为主体来看，服务不诚信行为发生在企业和员工两个层面。企业层面的服务不诚信行为包括未履行书面承诺、擅自更改服务承诺、服务信息前后不一致以及消费欺诈，员工层面的服务不诚信行为包括隐瞒相关信息、提供虚假信息、未履行口头承诺以及未按承诺的时间提供补救服务。服务不诚信行为发生的情景包括服务促销活动、服务预订、服务生产、服务补救以及服务退出阶段（如表 3-4 所示）。

表 3-4　不同情景中的服务不诚信行为

服务场景 行为类型	服务促销	服务预订	服务生产	服务补救	服务退出
A. 承诺违背					
A1. 未按承诺的时间提供服务				√	√
A2. 未按承诺的内容提供服务	√		√	√	
A3. 擅自更改服务承诺	√	√	√	√	
B. 信息不诚信					
B1. 隐瞒相关信息		√			
B2. 提供虚假信息		√	√	√	
B3. 前后信息不一致		√			
C. 强制消费					
C1. 设置障碍让顾客无法取消服务					√
C2. 未提示顾客自动取取服务费					√
C3. 通过威胁性的语言和行为强迫顾客消费			√		

　　服务促销中的不诚信行为主要表现为企业单方面更改促销内容，或者未按书面承诺向顾客提供相关奖励或优惠。服务预订阶段的不诚信行为包括企业单

方面取消服务、服务价格信息前后不一致、服务人员隐瞒相关信息、提供虚假信息、未履行口头承诺等。服务生产过程中的不诚信行为主要是企业未按书面承诺提供实际服务，或者服务员工未履行口头承诺。服务补救中的不诚信行为包括未按承诺的时间或标准提供补救服务、更改口头承诺的服务补救内容、使用虚假信息解释服务差错的原因等。服务退出阶段的不诚信行为主要是未按承诺的时间退款以及设置退出障碍让消费者无法取消服务。

二、顾客对服务企业的诚信评价

顾客的诚信评价可以分别指向服务企业和服务员工，但有时候即使不诚信行为的主体是服务员工，顾客也会将不诚信评价指向服务企业，因为在顾客看来服务员工就代表了服务企业。

此项服务网上明明白白地标写着"去哪儿直销"，那么与我电话沟通的客服我理所当然地认为她就是去哪儿网的工作人员，其承诺就代表着去哪儿网。（P7）

结合投诉内容来看，顾客在评价服务企业的诚信时，会使用一些参考框架，例如企业的身份地位、社会背景、顾客自己的身份地位以及双方的诚信表现。首先，对于大企业、知名度高的企业，顾客往往抱有更高的诚信期望。一旦这类企业出现服务不诚信行为，顾客对它的诚信评价就会降低。

双十一期间，我在京东商城牛奶自营店购买两箱德国牛奶并抽奖获得"任意品牌牛奶一箱"。我按照规定于11月12日将活动要求的资料发送至活动指定的邮箱。可是我等了许多天，仍然没有见京东客服与我联系……我希望京东作为一家知名的大型电商，能够切实改善服务人员的态度，并按照活动规则本着起码的诚信予以兑现当初的奖项，不要一味地搞完促销就不履行承诺！！！（S13）

于6月7日再三和客服确认，如果申请被拒，可以按照飞机起飞前改签，手续费1000元/单程（有电话录音为证）。然而2018年6月26日途牛客服告知我申请结果被拒，同时不接受我们改签，这个与当初的电话承诺不一致……作

为一家线上旅游服务知名品牌，怎么可以出尔反尔，基本的诚信都没有！（P15）

其次，顾客也会把某个企业或者某个员工的不诚信行为放到当前的社会背景中去，以传统文化、法律法规，甚至企业所在地的城市形象作为参照来评判企业诚信。也就是说，诚信不仅被视为一种商业道德，还会被上升到社会规范、法律规范的层面。

雅高达作为外企，在中国经营打法律擦边球，刻意制造错误、虚假宣传吸引新用户注册的恶意营销行为，极大地损害了广大消费者利益。（雅高达新浪微博上发布 88 美元券错误的公告信息，400 多条评论都是一片骂声，雅高达甚至因此关闭了评论）。如此无节操和不诚信的经营手法，请旅游监管部门、消费者协会、工商部门介入调查和监管。（P9）

我们中国是法制泱泱大国，更是传承道德文化的文明古国，请问你们的营销策略就是如此的不顾诚信，不讲道德，无视法律吗？（P6）

真心感觉在杭州这样一个美丽和谐的城市，存在这样一个无良商家，其卑劣、毫无诚信的做派让人感到非常恶心！（S29）

另外，顾客的诚信评价还包括一个对比过程，即对比顾客与企业的身份地位以及双方的诚信表现。当顾客认为自己是弱势群体而且遵守诚信原则时，更会将诚信作为一种道德规范，对服务提供方的不诚信行为进行谴责。

堂堂一家大企业如此不诚信无担当，让我们弱小的消费个体束手无策！（P7）

ofo 起初是靠信誉叫用户使用车辆，我的信用到了，你们靠信用吃饭的公司的信用哪里去了？诚信呢？学生的钱也坑？诚信呢？诚信呢？你们心里的诚信呢？（S5）

9 月 18 日申请至今未退 299 元诚信金，我们用户诚信用车，不知道享骑的诚信去哪了。（S19）

当然，在诚信评价过程中，顾客也会考虑自己与企业的关系，强调自己对关系的投入和贡献。一旦觉得自己的投入没有得到相应的回报（如诚信相待），顾客就会产生消极情绪。

作为去哪儿网的客户，从 2012 年开始一直是你们的忠实客户，甚至还花钱购买了会员，机票、酒店、门票都在你们这预订，没想到会出这种状况，真心太失望太心寒了，你们这是把客户往外推，完全没有作为第三方应有的服务态度，好吗？做生意首先也是最重要的就是诚信，如此欺客完全没天理。（P20）

由此可见，顾客将诚信视为一种道德义务，企业的实力越强，顾客越期望它能履行这一义务。诚信也被看作一种关系回报，是服务性企业应对顾客关系投入做出的回报。不诚信行为的发生，不仅让顾客看到服务性企业的"道德水平"，也使得顾客重新审视自己的关系投入与回报。在整个社会弘扬诚信价值观的背景下，顾客还会将诚信上升到社会规范层面，将服务不诚信行为视为企业不遵循社会规范的表现。

三、顾客投诉与企业应对

（一）顾客投诉诉求

服务不诚信行为发生后，顾客可能会向第三方投诉。根据网络投诉内容，顾客的投诉诉求包括承认过错、道歉、解释、履约践诺（提供服务或促销福利）、退货退款、更换产品或服务、赔偿损失、内部惩罚以及外部监管（如表 3-5 所示）。

表 3-5　顾客的投诉诉求

投诉诉求	示例
承认过错	请链家正视你们的问题，承认过失，停止强迫我交中介费！（S35）
道歉	帆船酒店消费时也没有任何标识和提醒加收费用，所以我希望携程给予公开道歉，赔偿损失。（P29）
解释	希望有关方面给出合理的解释和解决方案。（P21）
履约践诺	我希望京东作为一个知名的大型电商，能够切实改善服务人员的态度，并按照活动规则本着起码的诚信予以兑现当初的奖项，不要一味地搞完促销就不履行承诺！！！（S13）
退货退款	本人在此投诉湖北易游天下国际旅行社有限公司襄阳樊城分公司蒙骗消费者，拒收商家声称的从越南寄过来的越南国企生产的乳胶产品，并要求退还9900元整商品购买费用。（P2）
更换产品或服务	特此严正投诉，商家不诚信的行为，并要求协调其他航班按期出行。（P14）

投诉诉求	示例
赔偿	我的诉求是给予没有诚信的商家和平台曝光，给予用户道歉并进行双倍的经济赔偿。（S45）
内部惩罚	飞猪平台需重新审核该笔纠纷，开放正常沟通渠道，以理服人，给我提出的疑问逐条解释清楚，飞猪网严厉处罚商家。（P27）
外部监管	河源当前还在创文明城市，请监管部门严惩这些不诚信！（P23）

　　承认过错、道歉和解释属于口头应对措施，而履约践诺、退货退款、更换、赔偿、惩罚和监管属于实质性措施。参照吉雷斯比（Nicole Gillespie）和迪兹（Graham Dietz）的四阶段信任修复模型，这些口头应对措施既可以出现在即时应对阶段（事中处理），也可以出现在实施干预阶段（事后处理），但实质性措施由于需要企业重新调度资源，多出现在事后干预阶段。

（二）企业应对方式

　　结合投诉平台上企业和顾客的反馈信息，服务提供方应对顾客投诉的方式包括以下几种：不作回应，回复受理投诉，拖延处理，道歉（表达歉意、表示重视、请求谅解、承诺解决、感谢支持），解释（借口、辩解），退款，赔偿，提供原定的服务，提供替代服务或产品，拒绝顾客的投诉诉求，否认责任和言语攻击（如表3-6所示）。

表3-6　服务提供方应对顾客投诉的方式

应对方式	示例
不作回应	一直联系不上人工客服，只有无止境的等待。（S1）
回复受理投诉	您好！关于您反映的问题，小U已详细记录下来并转交给相关工作人员核查跟进，建议您先留意电话的回复哦，谢谢！（S36）
拖延处理	每次客服都在敷衍我，让我等待处理结果，结果都是蒙我的，根本就不处理，现在已经不理睬了。（P12）
道歉（表达歉意、表示重视、请求谅解、承诺解决、感谢支持）	您好，很抱歉给您带来不便，您反馈的问题牛牛已经收到，对此我们非常重视，已安排人员核实处理，给您造成的不便牛牛再一次致以诚挚的歉意。（P15） 尊敬的途牛用户，您的押金提现申请会提交至我司押金退款列表中，对于我司延迟退款给您带来的担忧及不便请您谅解，公司会根据所有用户申请退款时间陆续安排退款，请您耐心等待。（S4）

续表

解释（借口、辩解）	经核实消费者提供信息无法核实到消费者反馈订单，多次联系消费者电话关机，故此单协商失败。（P16）
	业务告知价格未变动过，客人提供的截图不足以证明是艺龙网站当时的显示，已告知客人提供正确的网站截图，考虑双倍赔付客人差价 941－788＝153×2＝306 元，客人同意（P21）
退款	经核实此单消费者反馈的补退金额295元已经给消费者安排手动打款，款项7个工作日内到账。此单与消费者达成一致，协商成功（S40）
赔偿	经核实订单我司已为消费者全额退款并赔付 200 元消费金，消费者认可，协商成功。（P11）
提供原定的服务	事情已经在去年发生后经过我不断地打电话，发微博艾特他们，打12315广州的电话投诉他们，打他们广州的客服热线投诉，终于发了一个普通快递给我解决了。（S16）
提供替代服务或产品	反复拨打 400 热线后客服与门店沟通来联系我，给到的答复是门店不承担这一笔闪送损失，我不取消订单只可以到店自取。（S16）
拒绝	联系商家不同意取消退款，房间正常安排，整晚保留无法取消和变更。我公司无法满足消费者全额退款诉求，消费者不认可，协商失败。（P14）
否认责任	旅行社表示行程改变与他们无关，不让我再加机票钱就不错了，这是哪来的道理？（P5）
言语攻击	我在询问如何寄回时，店主没有给我寄回地址和收件人姓名及电话，却恼羞成怒说我犯法，私占他人财产。（S30）

　　服务性企业的应对措施同样分为口头应对和实质性应对。对于顾客来说，拖延处理、不作回应、否认责任、言语攻击属于比较负面的应对方式，是顾客不愿意接受的，因此很难达成和解结果。

（三）投诉过程中顾客与企业的双边互动

　　服务不诚信行为引发了顾客与服务性企业之间的关系冲突，双方应对冲突的方式决定了关系的走向。顾客的投诉诉求与企业的应对措施反映了双方应对冲突的方式，二者的不匹配和不一致是导致协商失败的主要原因。参照双边互动模型（Kim，Dirks，Cooper，2009），本项研究将网络投诉中涉及的协商内容归纳为四个层面：责任归属、原因阐述、结果修正、损失弥补（如图3-1所示）。顾客与企业在这四个层面的一致性决定了和解的成败。

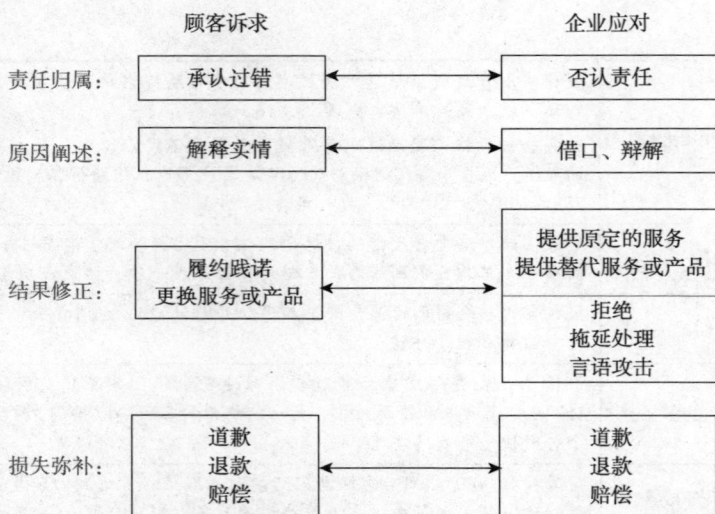

图 3-1　顾客与企业的双边互动

　　在责任归属层面，顾客认为服务不诚信行为是企业的责任，希望企业能承认过错，而企业倾向于否认责任。在原因阐述层面，顾客希望企业能如实说明服务不诚信行为背后的原因，给出内因式解释，但企业往往倾向于外因式解释，将原因指向顾客、合作企业等外部因素（借口），或者美化行为的意图和结果（辩解）。在结果修正层面，顾客希望企业通过退货退款、履约践诺、更换服务或产品的方式矫正服务不诚信行为带来的结果。如果企业满足顾客的诉求，则协商成功。如果企业拒绝，或者拖延处理，甚至对顾客的诉求进行言语攻击，则协商失败。

　　即使服务结果得到修正，但服务不诚信行为以及事后的协商过程也给顾客造成了精神上（情绪）、物质上（经济）、时间上（耗费时间、精力）的损失，对此顾客希望企业能做出道歉、补偿等行为。对于道歉的理解，顾客与企业之间也会存在差异。有时候顾客期待的"道歉"不单是一种口头阐述，而是包含情感性措施（如表达歉意、表示关心）、功能性措施（如补偿）、信息性措施（如解释）等要素的道歉性策略，但企业做出的"道歉"却只是表达歉意，例如"打了国际长途给去哪儿网，那边就轻轻松松地跟我说抱歉，其他什么说法

都没有"。（P28）

　　另外，在损失弥补层面，顾客和服务性企业对补偿数额的意见也会不一致。顾客希望企业能足额甚至超额赔偿，但企业为了将成本最小化，往往只愿意提供部分赔偿。

　　现我司可以赔付消费者的重购差价 3610 元和消费者产生的酒店费用 1548 元，我司考虑消费者的情况（因消费者生病的原因），我司愿意每人再赔付 1000 元×3＝3000 元，消费者提出的 13274 元赔付金额不符合标准，故无法承担消费者的诉求，消费者对此不认可，故协商失败。（P28）

第二节　服务不诚信行为对顾客的影响

　　通过对网络投诉的内容分析，可以初步归纳服务不诚信行为的类型、顾客诚信评价的参考框架以及顾客与企业应对冲突的不同方式，但网络投诉内容由顾客自行撰写，结构化程度不高。为了系统地了解服务不诚信行为对顾客认知、情绪和行为意向的影响，本项研究采用访谈法，以旅行社服务为例进一步展开研究。"访谈"是一种研究型交谈，研究者可以通过口头谈话从被研究者那里收集（或者说"构建"）一手资料。由于社会科学研究涉及人的理念、意义建构和语言表达，因此"访谈"便成为社会科学研究中一个十分有用的研究方法（陈向明，2000）。对于服务性企业的诚信问题，顾客最有发言权。通过对顾客的访谈，研究者可以获得一些关于服务不诚信行为以及顾客心理活动、思想观念和行为意向的信息。

一、访谈设计

　　本次研究采用半结构式访谈，访谈对象为曾经遭遇过旅行社服务不诚信行为的消费者，包括高校本科生和研究生、MBA 学员以及部分在职人士。访谈对象主要是通过发帖征集和滚雪球的方式来获得。在访谈过程中，访谈人员先请受访者回忆并描述自己遭遇过的一次旅行社服务不诚信经历，然后回答以下问题：①在这件事情中，你认为旅行社的不诚信主要体现在哪些方面？②发生了这样的事情，你当时的心情怎么样？③你当时怎么看待这件事情？④旅行社有没有采取一些补救措施？你希望旅行社采取哪些补救措施？⑤经过这件事情，您是否信任这家旅行社，为什么？最后请受访者提供年龄、职业、居住地等个人信息。访谈采用录音的方式记录受访者的描述，并整理成书面文字。

笔者先对 2 名大四本科生和 1 名在职人士进行初步访谈，在此基础上修改和完善访谈提纲，并明确访谈过程中的一些注意事项，然后再开始正式访谈。本项研究一共访谈 33 人，访谈时间为 15～20 分钟。其中，6 名受访者采用电话访谈的方式，其余均为面对面访谈。为了方便受访者，所有面对面访谈均在邻近受访者工作或学习的地点进行，时间由受访者自主选择。电话访谈时间同样也由受访者选定，尽量保证对方有充足的访谈时间和良好的沟通状态。电话访谈的受访者主观上乐意配合，语言表达流畅、思路清晰，没有出现临时中断访谈或者受其他声音干扰的情况，访谈时长和信息量与面对面访谈没有太大差别。在第 29 份访谈结束后，信息出现饱和点，随后四次访谈所获的信息与之前的访谈重复，没有新信息出现，所以研究者停止访谈。

33 份访谈资料中，有一名受访者描述的不诚信事件发生在 5 年前，另一名受访者描述的事情明显不属于不诚信现象（因为"被车门夹到""不让打牌"等问题与司机产生个人矛盾），还有一名受访者主要是倾向于评价中国旅行社的服务现状，而针对不诚信事件的回溯性信息较少。剔除这 3 次访谈结果，本次研究最终得到 30 份有效的访谈资料。受访者的性别、年龄、居住地、职业等个人信息及访谈方式如表 3-7 所示。为了方便统计和分析，笔者用字母 A、B 来区分访谈方式，然后按照访谈时间先后，依次用阿拉伯数字来代表不同的访谈对象，例如面对面访谈的第一个对象，编号为"A1"，电话访谈的第一个对象，编号为"B1"。

表 3-7 受访者基本信息一览表

受访者	性别	年龄	居住地	职业	访谈方式
A1	女	23	广州天河	本科生	面对面
A2	男	25	广州番禺	研究生	面对面
A3	男	25	广州番禺	研究生	面对面
A4	男	25	广州番禺	研究生	面对面
A5	女	23	广州番禺	本科生	面对面
A6	男	24	广州海珠	研究生	面对面
A7	女	27	广州海珠	全日制 MBA	面对面
A8	女	23	广州番禺	本科生	面对面
B1	女	27	广州天河	全日制 MBA	电话
A9	女	30	广州海珠	全日制 MBA	面对面
A10	男	28	广州海珠	全日制 MBA	面对面
B2	女	22	广州番禺	本科生	电话
A11	男	23	广州番禺	本科生	面对面
A12	女	22	广州番禺	本科生	面对面
A13	男	28	广州番禺	研究生	面对面
A14	男	23	广州番禺	本科生	面对面
B3	女	23	广州番禺	本科生	电话
A15	男	22	广州番禺	本科生	面对面
A16	男	23	广州番禺	本科生	面对面
A17	女	22	广州番禺	本科生	面对面
B4	女	23	广州天河	本科生	电话
A18	男	28	广州天河	在职人士	面对面
A19	男	23	广州海珠	本科生	面对面
A20	女	23	广州番禺	本科生	面对面
A21	女	23	广州番禺	本科生	面对面
A22	女	23	广州番禺	本科生	面对面
B5	女	23	广州龙洞	本科生	电话
B6	女	22	广州天河	本科生	电话
A23	男	25	广州花都	在职人士	面对面
A24	男	25	广州花都	在职人士	面对面

  将服务不诚信行为的类型、服务不诚信行为发生后顾客的认知评价、情绪反应和行为反应作为主类目；以词组为最小分析单元，提取访谈内容要点，在

此基础上提炼出次类目并给出操作性定义，形成分类框架。由两位编码者分别根据分类框架对访谈内容进行编码，并计算编码者一致性系数，其中一级编码为85%，二级编码为87.2%。

受访者提到的旅行社服务不诚信行为同样可以分为承诺违背、信息不诚信以及强制消费行为。一半左右的受访者曾遇到过旅行社不守承诺的情况，例如擅自更改行程（增加自费点、减少景点游览）、降低服务接待标准、买卖团队等。这类明显违反合同承诺的行为，顾客只需对照旅游合同内容就会察觉。在服务交往过程中，服务人员也会对顾客作出一些口头承诺。如果服务人员的口头承诺没有兑现，或者实际服务结果与口头承诺不一致，也会让顾客觉得旅行社言而无信。

信息不诚信也是旅行社服务中比较常见的一种不诚信行为。为了吸引游客购买，一些旅行社在宣传产品性价比时往往会夸大其辞，"把行程介绍的比较好"（A20）。一些导游人员为了降低游客的服务期望，提供一些不实信息，结果非但不能降低游客的期望，反而让顾客觉得不诚实，"他跟我们说厦门没什么好吃的东西啊，东西不好吃，不老实……你说大家这个团费比较便宜，然后伙食可能不能提供很好，跟我们说我们不介意，但是你不要这样骗我们"（A3）。

受访者还提到了旅行社服务中的强制消费行为，例如全陪或地陪导游强迫游客参加自费项目和购物项目。与违反合同承诺和消费欺骗不同，强制消费主要是通过一些威胁性的语言和行为来实现，例如，"（导游）直接跟司机说把车停到一边不走了，要把我们丢在那里，我们只有去那个家访活动他才带我们继续走"（B1）。

二、顾客对服务不诚信行为的认知评价

服务不诚信行为发生后，顾客会对行为的结果、原因、相应的应对策略以及服务提供方的可信赖性等进行评价。结合访谈内容，本次研究将顾客的认知反应归纳为五类：与服务表现相关的认知、与事件原因相关的认知、与服务提供方相关的认知、与后续应对相关的认知以及与消费决策相关的认知，子类目

及其操作定义见表 3-8 所示，具体示例参见附录 A。

表 3-8　顾客对服务不诚信行为的认知评价

类目	操作性定义
A. 与服务表现相关的认知	
A1. 服务质量	顾客对服务符合要求的程度及卓越性的判断
A2. 服务价值	顾客对服务所提供利益与自己所付出代价的比较性评价
A3. 服务公平性	顾客对服务结果、服务程序以及交往过程公平程度的主观判断
A4. 服务结果与承诺的一致性	顾客对实际服务结果与书面或口头承诺一致程度的判断
A5. 服务行为的欺骗性	顾客对服务提供方是否故意使用欺骗手段让人误信的评估
A6. 损失评价	顾客对自己因服务不诚信行为所遭受损失的评价
A7. 严重性判断	顾客对服务不诚信行为严重程度的评价
B. 与事件原因和责任相关的认知	
B1. 责任归因	顾客对行为意图、行为道德性、预知性以及责任分配的推测与判断
B2. 普遍性归因*	顾客对原因的影响范围是局部性还是广泛性的推测与判断
C. 与服务提供方相关的认知	
C1. 对服务员工的诚信评价	顾客对为其提供服务的服务员工是否诚实守信的评价
C2. 对旅行社的诚信评价	顾客对为其提供服务的旅行社企业是否诚实守信的评价
C3. 对旅游目的地的整体评价	顾客对旅游目的地旅游环境的整体印象
D. 与企业应对相关的认知	
D1. 对企业补偿措施的预期	顾客对企业是否会提供补偿、可能提供什么补偿以及应该提供什么补偿的估计
D2. 对企业应对表现的评价	顾客对企业实际应对行为的评价
E. 与个人决策相关的认知	
E1. 重新评估之前的消费决策	顾客根据旅行社实际服务表现而对原有消费决策作出的反馈性评价
E2. 预期对今后消费决策的调整	顾客根据旅行社实际服务表现而对未来如何改善消费决策的认识
E3. 对个人应对策略的评价	顾客对自己可以采取以及适合采取哪种应对措施的看法

（一）与服务表现相关的认知

顾客对服务不诚信行为的认知通常从评价实际服务表现开始。其中主要涉及对服务结果与承诺一致性的评价，对行为欺骗性和严重性的评价，以及对服务质量、服务价值和服务公平性的整体评价。

顾客会对照旅行社的合同承诺或者服务人员的口头承诺,来判断服务结果是否与承诺一致。承诺违背行为会让顾客对旅行社的诚信产生怀疑,"觉得它不太可靠"(B6)。如果旅行社或服务人员通过隐藏信息、强制消费等方式致使顾客作出不合理的消费行为,最终的服务结果会让顾客觉得"不值",而且"有一种被欺骗的感觉"(A14)。另外,顾客还会根据损失大小来判断不诚信行为的严重性。如果不诚信行为造成的损失较大,顾客就会认为事情很严重。即使遭受的损失不大,但行为本身的欺骗性质也会让顾客觉得旅行社不诚信。

一百块钱也不是太多的钱,但是就是说你骗了我,我觉得你们这样经营很不厚道。(A6)

值得注意的是,旅游服务过程是由一系列的服务接触构成,在一个环节已经出现诚信问题的情况下,如果其他环节服务质量高,可能会弱化顾客对企业诚信的负面评价;反之,如果其他环节服务质量也差,顾客的负面评价就会被强化。

我报就是看重你这个公司的牌子,但是你为什么要将这个团外包出去,很明显是个外包的,……,我本来想只要组织好的话那也就算了,但是总体感觉服务质量和组织的都比较差。(A18)

也就是说,服务不诚信行为发生后,顾客会根据服务结果与承诺的不一致性或者行为的欺骗性来界定行为的性质,并由此推断服务企业是否诚信。另一方面,服务过程中某一阶段的不诚信行为会降低顾客感知的价值、感知的公平,进而降低顾客对企业的整体评价。如果后续的服务质量较高,就有可能弱化顾客的负面评价;相反,如果后续的服务质量较低,就会进一步强化顾客已有的负面认知。

(二)与事件原因和责任相关的认知

当负面结果出现时,顾客会对事情发生的原因、责任以及行为意图进行推断。由于诚信是一种内在的、稳定的、可控的特质,而且是否遵守诚信原则也是服务提供者自己可以决定的,所以服务不诚信行为往往被看作是由内因引起的,属于有意而为,服务性企业应该对此承担责任。旅游服务中存在着多重代理关系，顾客与组团旅行社签订交易合同，而实际提供服务的是组团旅行社的员工，或者目的地合作企业的员工。但是在顾客看来，无论是企业内部员工，还是外部合作企业及其员工，组团旅行社都有选择权和监督权，对于服务过程中出现的诚信问题，组团社难辞其咎。

因为我们感觉可能是跟我们报的那个旅行社也有关吧，把我们卖到其他的团去，所以才会这样子，就是说可能旅行社把我们钱赚了，然后给导游的钱很少，所以他们必须要通过这样子才能赚钱，所以就会出现这样子的情况（A7）。

除了责任归因之外，一些受访者还提到了对事件普遍性的看法，笔者将其归纳为"普遍性归因"。对于服务过程中出现的信息不实或者欺诈行为，他们认为"这是一种普遍现象，很多旅游团都会这样"（A3）。正因为如此，所以当这类不诚信行为发生时，顾客在情绪上"没有特别的感觉"（A5），"一般也不会去投诉或者做些其他过激的行为"（B5），但是在以后的消费选择上会更加谨慎，"最好找那种别人去过说不错的团"（A2），或者直接放弃跟团旅游。

（三）与服务提供方相关的认知

在评估服务表现和归因认知的基础上，顾客将进一步对服务提供方进行评价，包括对服务人员的诚信评价、对服务性企业的诚信评价以及对旅游目的地的整体评价。旅行社服务过程中的不诚信行为，一部分属于导游人员的个人行为，例如口头承诺不兑现、门票收取高价、擅自增加自费点等。对于这类行为，顾客会认为是导游不讲信用、不诚实，但由于导游人员与组团社之间存在直接或间接的委托代理关系，所以顾客仍将责任归因于组团社。也就是说，导游人员的个人诚信影响顾客对整个旅行社的可信性判断。

导游是他们派的，那他们就有责任，……，你派出的人服务不好，那就是你公司的错，……，就是你旅行社也做得不好，（做得）不是很专业。（B3）

对于旅游服务过程中出现的信息不实、交通食宿标准与合同承诺不一致以及购物欺骗等情况，顾客认为是旅行社没有诚信，因为这些行程是由旅行社事先安排好的。即使服务人员试图将事件的原因解释为外部因素，顾客也不一定会相信，反而认为企业是在找借口。经历导游强制消费、购物欺骗等不诚信行为之后，顾客不仅对导游人员和旅行社的诚信表示怀疑，还会对整个旅游目的地产生负面印象："觉得就是被宰了一样啊，……，就感觉不太喜欢丽江这个地方了，就是整个那个印象都搞得很差。"（A7）

（四）与企业应对相关的认知

对于企业是否会提供补偿以及有可能提供什么补偿、应该提供什么补偿，顾客也会进行评估。值得注意的是，一部分访谈者对企业的信任修复措施不抱任何期望，原因包括：①认为企业不需要采取信任修复措施，因为并没有造成大的损失；②个人性格比较能容忍，不需要企业弥补；③顾客与企业之间为临时性交易关系，不太可能发展为长期关系，因此判断企业不太可能采取修复措施；④企业规模小、实力弱，不太可能重视顾客投诉；⑤负面服务体验一经形成就无法改变，因此信任无法修复。

他这个不存在补救的措施，因为我出团以后就跟他没有联系了，他就把我卖差价卖给另外一家旅行社了嘛，我就不会再跟他有什么接触，所以他肯定不会有补救措施。（A17：临时性交易关系）

你去找他没用啊，这个没一点用。只有正规的企业，你去投诉他，他怕影响将来的生意或者是信誉，他才会补救。但是这个是一般（企业），有些人（一般企业的人）他就知道根本不需要补救。所以说告不告之前先想想结果，结果不行的话都懒得去告他。（A22：企业不太可能补救）

及时合理的应对措施有助于改善顾客对企业的印象，但不一定能修复信任。有些受访者认为，解释、道歉、补偿等做法反映了旅行社对顾客的态度，"表明他是有诚意的"（A1），"既然有这个诚意，就给他一个机会"（A2）。也有受访者认为，旅游实际上是一种体验，"时间跟心情其实很重要"（A7），不诚信行为所造成的时间和心情损失很难用道歉或赔偿来弥补，而且不诚信行为已经在顾客心中形成了负面印象，"这种印象很难改变"（A14）。

（五）与个人决策相关的认知

服务不诚信行为的发生也促使顾客重新审视之前的消费决策，以便调整今后的消费决策过程。前者属于回溯性认知，而后者属于前瞻性认知。一方面，顾客会将服务不诚信行为，与自己所支付的价格或者所选旅行社的特征关联起来，进而评价或调整自己的决策标准，"他那个行程安排就比较不科学，……，挺不合理的，然后觉得是不是我多交一点钱，那个（线路）是不是会安排得比较好"（A9）。

另一方面，虚假宣传、不守承诺、消费欺骗等不诚信行为，说明顾客掌握的信息不够充分，所以顾客也会考虑从信息搜集方面来调整消费决策，"以后去旅行的话肯定要做那种攻略，就不能瞎找在哪里，因为之前去过的人就知道哪些旅行社会好一点"（A7）。

在采取投诉行动之前，顾客又会综合考虑损失大小、投诉成本以及投诉成功的可能性等因素，对不同的应对策略进行评价。如果承受的损失不大，而且认为"投诉也没有用"（A3），顾客就可能会选择沉默。在旅游行程尚未结束的情况下，一些游客为了避免与导游发生冲突，担心遭到报复或者心情受影响，而选择忍受。"后来我们也没有再追究嘛，觉得（50块钱）也不是太多，免得以后几天大家都心情不愉快，导游又不肯等我们，就小事化无这样子了"（A11）。

综上所述，服务不诚信行为会引发顾客一系列的认知活动。从指向性来看，既包括对服务行为本身的评价（如服务表现、行为原因、应对表现），也包括对服务提供方的评价（如可信性）以及对个人行为决策的评价（如消费决策、应对决策）。从时间框架上看，既包括对企业现有服务行为以及应对表现的评价，也包括对企业未来补偿措施的预期；既有对服务提供方可信性以及个人消费决策的反馈性评价，也有对个人消费决策的前瞻性调整（如表3-9所示）。总的来说，对服务行为或结果的评价影响顾客对服务提供方、个人消费决策以及个人应对策略的评价，进而影响顾客与企业的关系走向。

表 3-9 顾客认知活动的指向性及时间框架

	指向服务行为/结果	指向服务提供方	指向个人
回溯性	• 与服务表现相关的认知 • 与事件原因相关的认知 • 对企业应对表现的评价	• 与服务提供方相关的认知	• 重新评估个人之前的消费决策
前瞻性		• 对企业补偿措施的预期	• 调整未来消费决策 • 个人应对策略

三、服务不诚信行为发生后的顾客情绪

顾客对服务不诚信行为的认知决定了他们的情绪反应。访谈过程中有两名受访者表示，当时对服务不诚信行为"没什么感觉"（A2、A5），这可能与顾客以往的旅游经历及其对不诚信行为普遍性的看法有关，"我旅游的经历比较多，所以我觉得这样的事情比较正常，我已经去过很多次，旅游基本上都是这样的"（A2）。在大多数情况下，服务不诚信行为的发生会导致一系列负面情绪。

参照汤姆林森（Edward C Tomlinson）和梅尔（Roger C Mayer）的归因模型，本次研究也将顾客的情绪反应分为两大类。一类是因负面结果造成的一般性负面情绪，如不愉快、不满意等；一类是在深层认知评价基础上形成的特定情绪，如愤怒、失望、焦虑等（子类目及其操作性定义如表 3-10 所示，具体示例见附录 B）。服务失误、服务公平等领域的实证研究，已表明负面服务结果会影响顾客的满意感和负面情绪，所以在此不多作论述，而是着重分析顾客的特定情绪反应。

表 3-10　服务不诚信行为发生后的顾客情绪

类目	操作性定义
A. 一般负面情绪	
A1. 不愉快	因为服务结果的负面性而感觉不高兴、心情不好
A2. 不满意	因为服务结果的负面性而对现状感到不满足
B. 特定负面情绪	
B1. 愤怒	因为他人对自己造成了伤害而感到生气、愤慨、气愤、情绪激烈
B2. 失望	因为自己想要的正面结果没有出现而感觉失落、没有希望
B3. 焦虑	因为未来的不确定而感觉到内心不安或恐惧
B4. 其他	服务不诚信行为引发的其他负面情绪，如无奈、悲伤

在描述自己当时的情绪反应时，受访者使用最多的是表示愤怒情绪的词语，例如"生气""气愤""愤怒""暴跳如雷"等。愤怒情绪的产生是因为不诚信行为造成了负面结果，而这种负面结果本来是可以避免的，责任在于服务提供方。愤怒的原型意义在于以激发人最大的魄力和力量去打击来犯者，也用

于主动出击（孟昭兰，2005）。顾客的愤怒情绪会导致对抗甚至是报复行为，例如有受访者提到，"当时就是很气愤，然后就马上想着要怎么样来维权"（B1）。

其次是表示失望情绪的词语，例如"失望""失落""心寒"。失望是因希望未能实现而产生的不愉快情绪，心寒表示痛心、失望。失望情绪源于顾客的期望未能实现。这种期望主要是对旅游服务结果的期望，例如"感觉达不到自己这次旅游的期望……就有点失望"（B5），但也可能是对企业本身的期望。失望体验有一种无力感，倾向于什么都不做，想从这种状态中逃离（韩顺平，高付平，2007）。

我真的失望了，其实他第一次让我失望我还可以原谅他，但是他现在这样子的做法根本就没有办法去琢磨他那个办事方式是怎么样的，然后他可以说给我带来麻烦吧，然后又没有做什么特别有效的补救措施，所以我觉得，哎，最好就不再选他。（A9）

也有受访者用急切、担心、忐忑不安等词语来描述自己的焦虑情绪。焦虑是"一种说不出的和不愉快的预感"，是由紧张的烦躁不安或身体症状所伴随的、对未来危险和不幸的忧虑预期（孟昭兰，2005）。在服务过程中，当顾客感觉个人生命或财产安全受到威胁或者处于危险状态时，就会产生焦虑情绪。

当时在高速公路上的心情是非常急切的……我们的生命安全也受到很大的威胁，然后心情很急迫，就很焦虑那种（B2）。

对服务表现和事件原因的认知会影响顾客的情绪反应，对服务表现的负面认知越强烈，或者对旅行社的责任归因越高，顾客的情绪反应就越强烈。为了不影响自己的旅游心情，顾客可能会重新评价不诚信行为带来的结果，弱化其负面影响，通过认知重评来调节自己的情绪。

尽量不要那么生气，因为如果太过生气的话就把整个旅程都毁了，……，（所以）只是有一些生气，去到很远，时间都用来带我们去那些购物（商店），就算是看一下长一下眼界，是这么想啰。（B2）

顾客会参照自己所支付的价格来调整自己对服务不诚信行为的容忍度。如果服务价格比较低，对比服务成本与收益，顾客因负面结果而生的负面情绪也会有所缓解："按照价格来说，（团费）其实还算比较低的，所以我当时是有点气愤，但是想到这个价格的话还是忍了算了"（A13）。

四、服务不诚信行为发生后的顾客行为

服务不诚信行为发生后，在认知和情绪的共同作用下，顾客会采取相应的行为。有关顾客抱怨行为的研究显示，服务失误引发的顾客行为反应分为沉默、抱怨、转换、退出和保留五类（Singh，1990）。其中，抱怨行为包括向企业投诉、向第三方投诉以及负面口碑宣传。根据行为动机或目标的不同，这三种抱怨行为又可以细分为不同类型。例如，向企业投诉可能是为了让相关员工受到惩罚，给企业制造麻烦，或者协商解决问题；向第三方投诉可能是为了公开曝光或寻求调解（Grégoire，Fisher，2008）；负面口碑宣传的行为目标包括寻求安慰、发泄、咨询、联合、充当话题、自我呈现、警示他人以及报复等（Wetzer，Zeelenberg，Pieters，2007）。总之，这三种抱怨行为既可能是有利于关系和解的解决问题行为，也可能是破坏关系的报复行为。

有关服务公平的研究将顾客对服务不公平事件的行为反应分为两类——报复行为（retaliatory behavior）和寻求补偿行为（demands for reparation）。报复行为包括报复性投诉、向第三方投诉曝光以及负面口碑宣传；寻求补偿行为包括解决问题型投诉以及向第三方投诉以求调解（Grégoire，Fisher，2008）。同样地，服务失败后的顾客应对策略也可以分为两种，对抗性应对与寻求支持性应对。前者是指报复性的负面口碑宣传与投诉，后者是指寻求支持性的负面口碑宣传和解决问题性的投诉（Gelbrich，2010）。也有学者将服务双重偏差（double deviations）情形下的顾客行为反应分为三种，即报复行为、回避行为和寻求补偿行为，其中回避行为主要是指退出服务企业和减少对服务的使用（Bögershausen，2011）。

参考上述研究成果，本次研究将服务不诚信行为发生后的顾客应对行为分为四类：回避、对抗、协商和保留（子类目及其操作性定义如表 3-11 所示，具体示例见附录 C）。回避行为主要包括避开顾客投诉，对顾客投诉不予回应或者拖延处理；对抗行为包括服务过程中的不合作抵制，事中和事后的报复性投

诉以及事后的报复性口碑宣传；协商行为包括事中通过协商来解决问题以及事后通过投诉来寻求补偿；保留行为是指顾客继续购买或者选择性购买企业的产品和服务。

表 3-11　服务不诚信行为发生后顾客所采取的行为

类目	操作性定义
A. 回避行为	
A1 沉默	顾客没有公开或私下针对不诚信事件或经历发表言论
A2 退出	顾客终止与企业的交易关系，不再购买企业的产品或服务
A3 转换	顾客更换服务提供商，购买其他企业的产品或服务
B. 对抗行为	
B1 不合作行为	顾客对服务员工的服务行为不予响应，以此来表示自己对某种行为或做法的反对
B2 报复性投诉	顾客出于惩罚服务员工或企业的目的而向旅行社或第三方机构投诉
B3 报复性负面口碑宣传	顾客出于惩罚服务员工或企业的目的而进行的负面口碑宣传
C. 协商行为	
C1 事中通过协商来解决问题	顾客出于解决问题的目的而与服务一线员工共同商量解决方案
C2 事后向旅行社投诉寻求补偿	顾客为了获得补偿而向旅行社投诉
D. 保留行为	
D1 继续购买企业产品和服务	顾客继续购买旅行社的产品或服务
D2 选择性购买企业产品和服务	顾客仅购买旅行社的部分产品或服务。或者在特定条件下购买旅行社的产品或服务

（一）回避行为

为了避免与服务性企业或服务人员发生冲突，一部分顾客会选择用沉默来应对服务不诚信行为。根据动机的不同，沉默分为默许性沉默、防御性沉默和亲社会性沉默（Dyne，Ang，Botero，2003）。默许性沉默是指顾客预期自己没有能力改变现状而被动地保留意见，消极地顺从；防御性沉默是顾客为了个人心理安全而采取的有意识的自我保护；亲社会性沉默是顾客基于利他的动机，为了他人利益而保留相关信息和意见的行为。这三种情况在本次访谈中均有受访者提到。

大家都挺生气的，就在那里骂，但是导游也不能给你解决问题，之后想一下那也没办法。肯定去投诉了也没有用，只能说他们宣传的时候没有把这东西写清楚（A4：默许性沉默）。

因为是在外地，当时也是不想搞那么多事，玩得开心就好了，不要影响我继续玩下去的心情（A10：防御性沉默）。

没有想过要维权啊或者什么的，就觉得（导游）他们也辛苦，就算了（B5：亲社会性沉默）。

为了避免类似负面结果再度发生，顾客会在事后采取退出或转换行为。顾客"退出"包括两个方面，一是停止购买企业的产品和服务，二是不再重游旅游目的地。顾客转换行为同样也涉及到两个层面，转换旅游企业和转换旅游方式。对于不诚信的服务企业，顾客不再继续接触，而是转向有一定规模和品牌声誉的服务企业，选择"正规的"（B6）、"规模比较大、信誉上比较可靠的旅行社"（A23）。另外，顾客对某个服务企业的不信任有可能延伸为对整个行业的不信任，因为一次受骗的参团旅游经历，导致顾客"以后再也不想跟旅行社有接触"（A16），而是"倾向于自己去旅游了"（A9）。

（二）对抗行为

服务不诚信行为引发的愤怒情绪可能会激发顾客的对抗行为。在旅游过程中，顾客的对抗行为主要表现为与服务人员对抗。旅游服务具有很强的参与性，需要顾客与服务人员合作完成，为了抗议服务人员的不守承诺、强制消费等不诚信行为，顾客可能会采取不合作的做法，或者直接向服务企业投诉员工，借助企业的管理权力来制止服务人员的不诚信行为，甚至让服务人员受到批评或惩处。

我们一起拒绝上车，第二天那个司机耽误了一个上午的行程。当天晚上我们领导就跟他抗议说要求旅行社换司机，旅行社不换，第二天我们就不上车，全部人都不上车（A11：不合作）。

大家让他把身份证和导游证都拿出来，我们要拍照留证据，并且让他写一个说明，说是由于他的原因而不带我们这个团，然后我们就跟旅行社那边沟通了，……，应该是旅行社再跟他有沟通，后来他就向我们道歉，然后继续带我们这个团，那个藏民活动我们也就没有去参加了（B1：向企业投诉员工）。

（三）协商行为

当服务结果与承诺不一致时，或者当感觉自己被欺骗时，顾客会向服务提供方提出申诉，要求对方解释原因，采取修正措施，或者给予补偿。事发过程中的顾客协商行为主要是为了即时修正错误、解决问题，而事后的协商行为通常是为了寻求补偿。具体来说，修正性措施包括解释、退款、终止欺骗行为、重新兑现承诺以及提供替代性解决方案；补偿性措施主要包括道歉和经济补偿。服务消费是即时性的，服务不诚信行为对顾客造成的负面影响在"事后很难补救"（A5），所以服务企业以及服务人员应该在事发当时努力解决问题，其次才是事后补偿。

如果是当天的话，就应该先给我们马上安排卧铺，这是第一点，然后第二的话，是在行程路线上面给我们一些优惠，或者是事后补偿我们一些东西，或者道歉（A12）。

至于哪种补偿措施效果会更好，有些顾客认为，"道歉没有用，最好是行动上给予补偿"（A3）；有些顾客则表示，"当时我们要的不是东西，也不是钱，要的其实是一个诚意的道歉或者他的一个声明，说明为什么会出现这样的情况"（A2）。

如果旅行社或服务人员即时应对得当，顾客对处理结果满意，则事后继续投诉的可能性就比较小。相反，如果双方协商未能达成一致，顾客就有可能采取进一步的投诉行为，例如向第三方投诉或者进行负面口碑宣传。

我们双方还是没有达成一致，……我们觉得他这样是非常不尊重我们的，就决定去学校论坛BBS上面发帖，我们也发微博@了很多人（A16）。

（四）顾客保留

如果认为服务不诚信行为不太严重，或者说它是一种普遍现象，顾客就有可能继续信任并购买企业的产品和服务。如果服务人员的即时应对表现让顾客非常满意，考虑到品牌声誉和双方关系质量，顾客会选择保留关系。对于一些非重要性的服务，即使顾客对企业的能力和诚信表示怀疑，可能也会为了节约成本而愿意承担风险，有选择性地购买企业的产品和服务。

如果是一些短的线路，可能觉得他也不会出太大的情况，就觉得无所谓，还可以和他一起去玩，但如果人多的话，或者说有一些比较重要的人物的话，我肯定会找一家更好的公司（A19）。

总的来说，顾客的认知和情绪反应决定了他们的行为反应。对服务表现、事件原因以及服务提供方的评价影响顾客对个人应对策略的评价，进而影响其应对行为。在认知基础上形成的情绪反应也是驱动顾客应对行为的重要因素，与其他负面情绪相比，愤怒情绪更有可能激发顾客的积极应对行为，例如对抗、协商，而失望情绪更有可能导致顾客的消极应对行为，比如回避。

五、服务不诚信行为对顾客信任的影响

服务不诚信行为给顾客带来了损失，大多数受访者表示不再信任目标企业，或者降低信任度，但也有少数受访者表示还会继续信任。顾客会继续信任目标企业主要是因为：①类似的行为在旅游行业比较普遍，②企业品牌实力强，③事情的主要责任不在于旅行社而在于导游个人，④服务不诚信行为的严重程度较轻。

在顾客看来，低价旅游团里出现诚信问题是比较普遍的现象，如果整体服务质量不算太差，顾客还是会信任旅行社。然而，这种信任更多的是一种基于理性计算的有限信任（calculus-based trust），顾客只是相信服务企业不会做出更严重的不诚信行为，例如："我相信他，只是相信他不会把我卖了，没说他不是坑人的，会给我提供一些非核心的旅游资源吧"（A20）。

其次，如果服务企业品牌实力较强，而且不诚信行为造成的后果不太严重，或者主要责任不在于企业，顾客也会继续信任，"因为他品牌还蛮大的，（服务）也还好，所以就基本上这种情况应该还算是所有旅行社中比较好的

吧"（A5）。

另外，顾客对不诚信行为的性质判断也会影响后续信任。如果只是服务绩效方面的不诚信而不涉及企业价值观，顾客还是会继续信任旅行社。

虽然就是说带我们少去了一些景点啊，还有一些服务态度方面的问题，但是他原则性的错误是没有的，所以如果有必要或者说非要跟团旅游的话还是可以相信的。（B5）

六、顾客期望的修复措施与后续信任

（一）顾客期望的修复措施

服务不诚信行为导致顾客对企业的信任度降低，如果服务性企业采取顾客期望的补救措施，将有助于恢复顾客对企业的信任。在访谈过程中，受访者提到以下措施可以在一定程度上修复信任，如管制、惩罚、承认过错、道歉、承诺、解释、经济补偿、服务补偿、退款、提供承诺的服务、取消与承诺不相符的服务（如表 3-12 所示）。道歉（包括表达歉意、承认过错和承诺）、解释（原因和规则）属于口头应对措施，而其他属于实质性修复措施。按照时间框架，实质性修复措施可以进一步细分为即时修正措施（提供承诺的服务、提供替代服务、取消与承诺不相符的服务）、事后补偿措施（经济补偿、服务补偿）和面向未来的预防措施（管制、惩罚）。

口头应对措施方面，受访者对道歉持有不同的看法。有人认为诚恳的道歉说明企业有解决问题的诚意，"这样是对我们一个尊重嘛"（A16）；也有人认为口头道歉没用，"最好是行动上给我们补偿"（A3）。对于解释的必要性，受访者达成了共识。即便是在受访者看来有些牵强的外因式解释，也被认为是有必要的，"当时的解释就由于天气原因，非常牵强的理由，那可能说是旅行社真的是遇到天气原因，或者其他不可抵抗的因素吧，但是我觉得对游客的一种解释是非常必要的"（A14）。可见，有解释比没有好。当然，如果解释提供的信息不实，就会再一次违背诚信原则，强化顾客对服务性企业的不诚信评价。

表 3-12　顾客期望的修复措施

类型			举例
口头应对措施	道歉	表达歉意	他应该给我们很诚恳的道歉。(A16)
		承认过错	要承认这件事情……，但是那个导游没有承认。(B3)
		承诺	如果我们以后还有合作的话，他肯定以后要么就是（做出）承诺，或者说以后更加重视这件事。(A19)
	解释	解释原因	希望旅行社给个说法，……，为什么说好的可以品尝到当地美食，但是来到的（却是）这种环境不太好的地方。(A1)
		解释规则	我想他给我一个解释，……，到底他们（公司）的做法是怎么样的。(A8)
实质性修复措施	修正措施	提供承诺的服务	如果是当天的话，就是（希望）他（按旅游合同）给我们马上安排卧铺。(A12)
		提供替代服务	即使不能出团，他可以组织我们自助游嘛。(A21)
		取消与承诺不相符的服务	我们就跟旅行社那边沟通，后来（导游）他就向我们道歉，然后继续带我们这个团，那个（额外增加的）活动我们也就没有参加了。(B1)
	补偿措施	经济补偿	（希望）把我们额外消费的那些钱退回给我们。(A7)
		服务补偿	最好是行动上给我们补偿，口头道歉没用的。可以加（旅游）点，就带我们去某个地方，是之前行程上没有的，但是这个地方比较好玩。(A3)
	预防措施	惩罚	比如说有一个人负责这件事的，肯定是要承担责任的，应该受到一定的惩罚。(A19)
		管制	也希望旅行社（内部）有一个相应的监管人员，可以监管这种不公平的现象。(A14)

按照顾客的期望，服务型企业针对不诚信行为能采取的口头应对措施，与其他企业无异，但在实质性修复措施方面却有更大的可为空间。首先，服务是一个生产与消费同时进行的过程。对于服务过程中出现的问题，企业可以即时修正，这种即时修正措施也是顾客所期望的，"他即使不能出团，他可以组织我们自助游嘛，他可以帮我们去订票，收取一定的费用，没有关系，我们愿意付这个钱"（A21）。

在补偿措施方面，企业能采取的措施不仅是经济补偿，也包括服务补偿，即通过额外赠送其他服务项目来弥补顾客在现有服务中遭受的损失。以旅游服务为例，它由食宿行游购娱等多项服务组成，顾客在一项服务上的损失可以通过另一项服务的价值增值来弥补，"他没有退回钱给我们，但是他好像是，本来有个午餐是没有的，就是不包在这个旅行里面，但是他好像加了，然后还加了菜"（A22）。补偿措施虽然可以减少顾客损失，修正服务不诚信行为造成的负面结果，但不愉快的服务体验已经形成。对于一部分顾客来说，经济损失可以弥补，但服务体验难以修复。"因为你已经要住的旅店也住过了，要走的行程也走过，你总不能把那个时间退回给我们吧，因为我觉得旅行其实那个时间跟那个心情其实很重要，而这个你不是任何物质你可以返回给我的"（A7）。

顾客期望企业采取惩罚和管制措施，一方面是想平衡服务不诚信行为造成的不公平结果，另一方面是希望不诚信行为未来不再发生。作为预防性措施，惩罚和管制提供的制度保障可以赢得一定程度的顾客信任，但这种信任与服务不诚信行为造成的不信任同时存在。在此情境下，尽管顾客对企业的信任没有完全恢复，但是能挽回一部分信任对于企业而言也有利。

但是如果他做了这些，比如道歉，或者是一些应该做的，比如你批评那个导游跟相关的一些负责人，那这个时候觉得他还是有一点职场的一种责任感的。那这样的话，可能还能挽回他的一些形象，但是想要恢复到以前的那种，肯定是很难了（A14）。

（二）顾客的后续信任

如果企业采取合理的口头应对和实质性措施，一部分顾客对企业的态度就会由怀疑或不信任转变为继续信任，因为这些措施表明了企业的诚意、服务态度和负责任。在损失不大或者损失得到弥补的条件下，顾客可能会将之前的服务不诚信行为重新解释成企业能力不足的问题。

那我就觉得他很好啦。就还 OK 啦，至少不会很大程度上影响到我原来的出游计划，因为他当时直接导致的后果就是我们当时那个计划完全会泡汤，如果我们找不到其他家的话。（访谈人员：如果旅行社这样做的话，您以后会信任他吗？）会吧。至少员工还不错，也许他整个流程不好，但他至少有几位愿意帮助你的员工（A21）。

另一部分顾客认为，口头应对和实质性措施只是情感上和功能上的补偿，服务体验不可逆转，一旦出现服务不诚信行为，企业的诚信度就打了折扣，因此仍然不信任企业。

看法还是一样，他只是做了一个补偿而已，但是他之前做的事造成的看法已经形成了，他再补偿其实（只是心理上）稍微好一点，心里好受一点而已。（A3：情感上补偿）

你要是说从情感上还可以接受，但从实际上以后就不会再用这个了。（A24：情感补偿但仍不信任）

顾客不信任并非意味着企业的应对措施徒劳无功。即使没能扭转顾客不信任企业的局面，但口头应对和实质性措施有助于企业挽回形象，防止信任持续流失导致关系破裂。也就是说，顾客虽然不信任企业，但他们对企业的印象有所好转。有可能继续使用或推荐他人使用企业的服务。

（访谈人员：如果当时旅行社像您刚才说的，给你们一些经济上的优惠，还有口头上的道歉，那您还会信任他吗？）"我觉得如果旅行社这样做的话，（我）对他的印象会好一些，但是也不敢保证我就完全信任他，就是（信任）不会完全恢复的那种"（A11）。

如果企业后续的服务表现出色，履约践诺率高，没有再出现负面行为，顾客就会以此为证据，改变对企业不诚信的看法，逐渐信任企业。

这种第一印象的东西其实是很难去改变的，可能会给他一个补救的机会，但是我觉得这个过程可能会比较艰辛一点，可能会需要他真的拿出一些具体的、非常实际的例子，或者说确实是现在的服务质量能够让很多人去口口相传吧，然后让我真正地再去对他有一个完全的改观，我才会继续信任他（A14）。

综合网络投诉分析和访谈研究结果，服务不诚信行为表现为承诺违背、信息不诚信、强制消费三种类型；服务不诚信行为发生后，顾客会对实际服务表现、事件原因以及企业的应对表现进行评价，并由此产生不满、愤怒、失望等负面情绪；在这样的认知和情绪状态下，顾客会综合对服务提供方以及个人决策的回溯性和前瞻性评价，做出是否信任企业的认知判断以及是否回避、对抗、协商或保留等行为决策。信任修复措施作为新的刺激因素，同样经由顾客的认知和情绪来影响顾客—企业关系。

　　如果将顾客信任视为关系结果，则可以参照应对理论来梳理概念之间的逻辑关系（如图 3-2 所示）。应对理论认为，当个人与环境之间的关系被评价为超出个人应变范围并危及个人福利时，压力（应激）就会出现（Lazarus, Folkman, 1984）。在压力情境与人和环境的关系结果之间，有两个关键的中介过程，认知评价和应对。认知评价包括初评价（primary appraisal）和次评价（secondary appraisal）。在初评价阶段，个人会评价刺激情境与自己有无利害关系；次评价阶段，个人会评估各种应对选择。对压力情境的认知评价决定了个人的情绪反应。应对是指个人如何通过认知和行为努力来管理压力情境。以问题为中心的应对（problem-focused coping）包括正视，有计划地解决问题，而以情绪为中心的应对（emotion-focused coping）则包括远离、自我控制、寻求社会支持、逃避、（自己）承担责任以及认知重评。我们将服务不诚信行为和信任修复措施看成是环境中的刺激因素，将顾客信任作为关系结果，由此引发的有关服务行为/结果的评价、顾客情绪反应以及对服务企业可信性的认知重评则是中介过程。

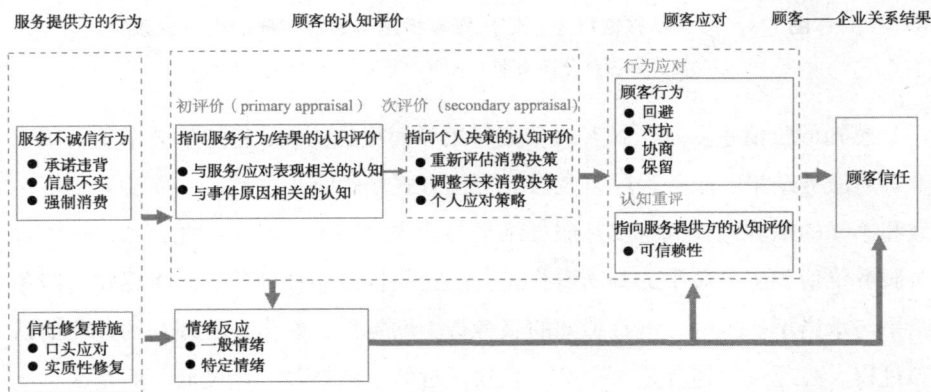

图 3-2　服务行为、顾客反应与关系结果逻辑关系图

　　如果聚焦于服务不诚信行为以及信任修复措施对顾客信任的影响，则顾客的认知评价主要是指向服务行为/结果的评价以及指向服务提供方可信性的评价（如图 3-3 所示）。有关服务行为/结果的评价包括对实际服务表现或应对表

现的评价以及对事件原因的归因。其中，对实际服务表现的评价又分为两类，一类是对服务不诚信行为后果的评价，例如感知的质量、感知的损失、严重性判断；一类是将服务结果与参照标准相比较之后的评价，例如感知的价值、感知的公平、感知的不一致、感知的欺骗。第二类评价往往建立在第一类评价的基础之上。

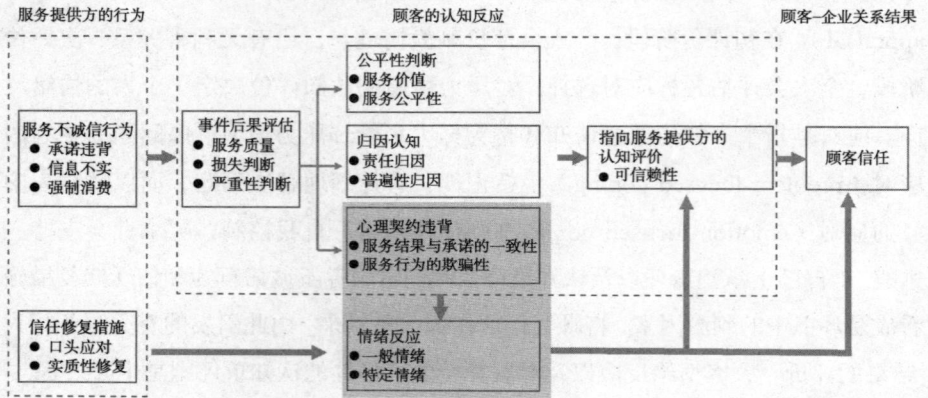

图 3-3　服务不诚信行为、信任修复措施与顾客信任的逻辑关系

注：阴影部分即为本书第四章定量研究内容。

感知的价值主要基于顾客对个人付出与回报的比较，感知的公平主要基于顾客对服务结果、服务程序以及服务交往方式是否合理的判断，而感知的不一致和感知的欺骗主要基于实际服务结果与原先承诺的比较。因此，可以将顾客对服务价值和服务公平的判断看作是有关公平性的整体评价，而将感知的服务结果与承诺不一致性，以及感知的服务行为欺骗性，看作是心理契约违背的认知过程。心理契约违背是一种基于认知评价的情感体验；在最低层面是因感知期望未满足而产生的失望、沮丧等情绪，而在核心层面是因感知背叛和欺骗而产生的愤怒、愤恨等情绪（Morrison，Robinson，1997）。对事件后果的评价，对服务公平性的整体评价，对心理契约违背的认知以及对事件原因的归因认知，共同构成了服务不诚信行为发生后顾客的认知评价过程。

认知评价的结果会让顾客产生愤怒、失望、无奈、郁闷等负面情绪。在各种负面情绪中，顾客的失望和愤怒情绪尤为强烈。失望和愤怒是两种不同的特定情绪。失望通常与无能为力、逃离情境、不作应对联系在一起，而愤怒对应的行为反应则是攻击，例如打人、吼叫、骂脏话等（Roseman，1996）。失望情绪可能会驱使顾客做出保护自己的行为，除了要求经济补偿之外，顾客有可能与企业脱离关系以避免自己再受伤害。愤怒情绪可能会驱使顾客做出报复性行为，例如主动对服务提供方施加伤害，或者期待对方遭受"不幸"，以求心理平衡。失望是一种因出现负向的、未预料到的事情而产生的情绪（Van Dijk，Zeelenberg，2002）。当顾客想要的正面结果未能出现，或者出现了顾客不想要的负面结果，失望情绪就会产生。愤怒是一种基于归因的负面情绪，当顾客将负面服务结果归因为其他人为因素时，愤怒情绪就会产生（Yi，Baurngartner，2004）。

顾客的认知评价以及由此引发的负面情绪，进一步影响顾客对服务提供方可信性的评价。可信性评价反映了顾客对服务提供方的信念，是顾客态度的核心，直接影响顾客的后续行为。访谈研究发现，如果顾客继续信任目标企业，就会继续购买该企业的产品或服务；如果只是有条件地信任，就会有选择性地购买该企业的产品或服务；如果不信任目标企业，则有可能采取回避或报复行为。

总的来说，服务不诚信行为发生后，顾客的认知、情绪以及行为反应可以被视为一个信任违背过程。信任违背的起因是不同类型的服务不诚信行为，结果是顾客信任的流失，中间心理过程包括对服务不诚信行为的认知评价和情绪反应。其中关键的认知评价可以分为三条主线，即服务公平性判断、心理契约违背反应以及归因认知（如图 3-3 所示）。

上述心理过程同样适用于解释信任修复措施实施后顾客的心理反应。服务性企业的应对措施作为一种新的环境刺激因素，影响顾客的认知评价、情绪反应及其对企业的可信性判断。信任修复措施有助于顾客认知调整、负面情绪缓和、信任回升以及消极行为的减少。即便不能立即修复信任，这些措施也为顾客与企业关系的和解奠定了基础。

第一节　研究模型与理论基础

服务不诚信行为对顾客信任的影响可能会通过认知和情绪两种机制来实现。在情绪层面，失望和愤怒这两种特定情绪起着重要作用。在认知层面，除归因认知之外，顾客对服务价值、服务公平性的评价，对服务结果与承诺不一致以及服务行为欺骗性的评价，都有可能发挥作用。感知的服务价值低和感知的不公平会导致顾客的心理均衡被破坏，而感知的不一致和感知的欺骗是顾客心理契约违背在认知层面的表现。也就是说，服务不诚信行为对顾客信任的影响，不仅可以用归因理论来解释，也可以用服务公平性理论以及心理契约违背理论来解释。

目前有关信任违背和信任修复的研究，已对归因的作用进行了一部分实证检验（Tomlinson，2004；Wu，2011），对公平性的中介作用也有少量尝试性的探讨（Tomlinson，2004），对心理契约违背的作用尚未有研究涉及。本项研究侧重于从心理契约违背的角度，分析服务不诚信行为引起的顾客信任违背过程，将感知的期望与承诺不一致与感知的背叛作为心理契约违背的认知要素，而将失望情绪和愤怒情绪作为心理契约违背的情绪要素。

访谈研究初步发现，服务不诚信行为的普遍性、严重程度、责任归因以及企业声誉，可能会影响顾客信任的流失程度。普遍性、严重性以及责任归因是顾客事后针对特定服务不诚信行为的认知评价，而企业声誉是顾客事前形成信任信念的基础。以往有关危机管理的实证研究表明，良好的声誉有利于缓冲负面事件对企业的影响（Hess，2008），促进危机应对措施的积极作用（方正，江明华，杨洋，等，2010）。然而，根据期望违背效应，个人对某个对象的正面期望越高，当违背期望的结果出现时，其负面反应就越强烈（Burgoon，Le Poire，1993）。如果将服务不诚信行为引发的顾客反应看作是一个信任违背过程，那么企业声誉越高，顾客的信任违背反应是否就越强烈呢？在检验心理契约违背中介作用的基础上，本项研究还将进一步分析企业声誉对中介效应的调节影响。

其次，本项研究试图检验服务一线员工的即时应对措施对顾客信任修复的影响。目前有关信任修复的实证研究，侧重于比较不同情境下受信方可能采取的各种修复策略，但是在服务传递过程中，无论受信方是企业还是员工个人，一线员工的即时应对措施对于信任修复来说都至关重要。本项研究着重关注一线员工即时应对措施的三个方面，即解释性沟通、努力程度和修正性结果，分析其对顾客后续信任的影响。解释性沟通是关系和解的起始"程序"，而努力程度和修正性结果是实际修正行为的"过程"和"结果"。实验研究的整体概念模型如图 4-1 所示。

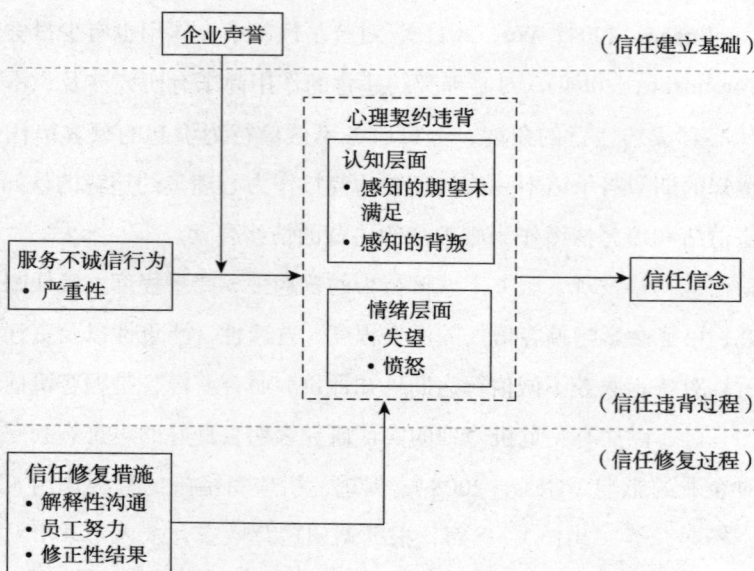

图 4-1　整体研究模型

一、心理契约违背理论

（一）心理契约

心理契约是指个人关于互惠交换协议条款和条件的信念，当一方相信另一方对于未来回报的承诺，已为此做出贡献，并且认为对方有提供未来利益的义务时，心理契约就产生了（Rousseau，1989）。为了避免心理契约被解释成主观臆想的无限义务，罗宾森（Sandra L Robinson）和卢赛尔（Denise M Rousseau）进一步将心理契约定义为关于某种需要付出报酬的承诺或互惠性义务的信念，每一方都认为对方已做出某种形式的承诺，并且相信双方已接受合约条款和条件（Robinson，Rousseau，1994）。值得注意的是，心理契约是主观的，是持有者眼中的心理契约，双方对于所有合约条款不一定有相同的理解，关于一方应该为另一方做什么，双方的信念可能是独特的、不同的。这些信念可能来自于显性的承诺，也可能源自于对过去交换模式的理解、间接的学习，以及一些在双方看来都是理所当然的东西（如善意、公平）。

心理契约与期望不同，期望是指一方希望从另一方那里获得什么，而心理契约是指对彼此义务的感知，是基于对承诺的互惠性交换的感知。心理契约与正式合同也不同，它不是一次性的，而是在关系持续期间不断修改。关系持续的时间越长，双方互动越多，贡献—互惠循环往复的次数越多，心理契约包含的内容就越广泛。

（二）组织领域的心理契约违背

在雇佣关系中，当一方认为另一方未履行承诺的义务时，心理契约违背就会产生（Robinson，Rousseau，1994）。心理契约违背不同于期望未满足以及感知的不公平。当期望未被满足时，员工会感觉不太满意，工作表现不好，甚至辞职离开，而当心理契约违背发生时员工的反应会更强烈。这种强烈的反应不只是因为对某些奖励或利益的期望未被满足，更是因为对关系中行为模式（如相互尊重、遵守行为规范）的信念被破坏。也就是说，心理契约违背不单意味着期望未被满足，更意味着关系双方的信任基础被破坏（Robinson，1996）。

至于感知的不公平，心理契约违背确实与分配不公平和程序不公平有关。企业未实现承诺以至于员工未能享受他想要的结果，会让员工感觉不公平，这是一个分配或结果公平问题。另一方面，未实现承诺也说明员工未被诚实地、无偏见地或者一视同仁地对待，这又涉及程序公平问题。心理契约违背感与不公平感，二者的不同之处在于，不公平感无须涉及承诺，而心理契约违背通常与承诺有关。感知的不公平会让员工感到失望或不满，但是心理契约违背所带来的感受远远超出失望。它还包括对承诺和信任的破坏，因此会让员工产生被背叛的感觉。

莫里森（Elizabeth W Morrison）和罗宾森（Sandra L Robinson）在研究中区分了"感知的违反契约"（perceived contract breach）和"违背感"（violation）。他们认为，前者是一种认知，是指员工感知组织未能实现心理契约中的一项或多项义务；后者是一种紧随前者而产生的情感体验，包括"背叛的感受和更深层次的心理痛苦"（Morrison，Robinson，1997）。具体来说，违背感是失望情绪和愤怒情绪的结合；在最基本层面，违背感包括失望、沮丧以及因未能获得预期想要之物的痛苦；在核心层面，违背感包括愤怒、怨恨、痛苦、愤慨，甚至震怒等，这些情绪是源于感知的背叛和不良待遇。

与其他情绪体验一样，违背感也建立在对特定事件的认知评价基础上。根据莫里森（Elizabeth W Morrison）和罗宾森（Sandra L Robinson）的心理契约违背模型（如图 4-2 所示），有两种情况会让员工产生心理契约违背感：食言

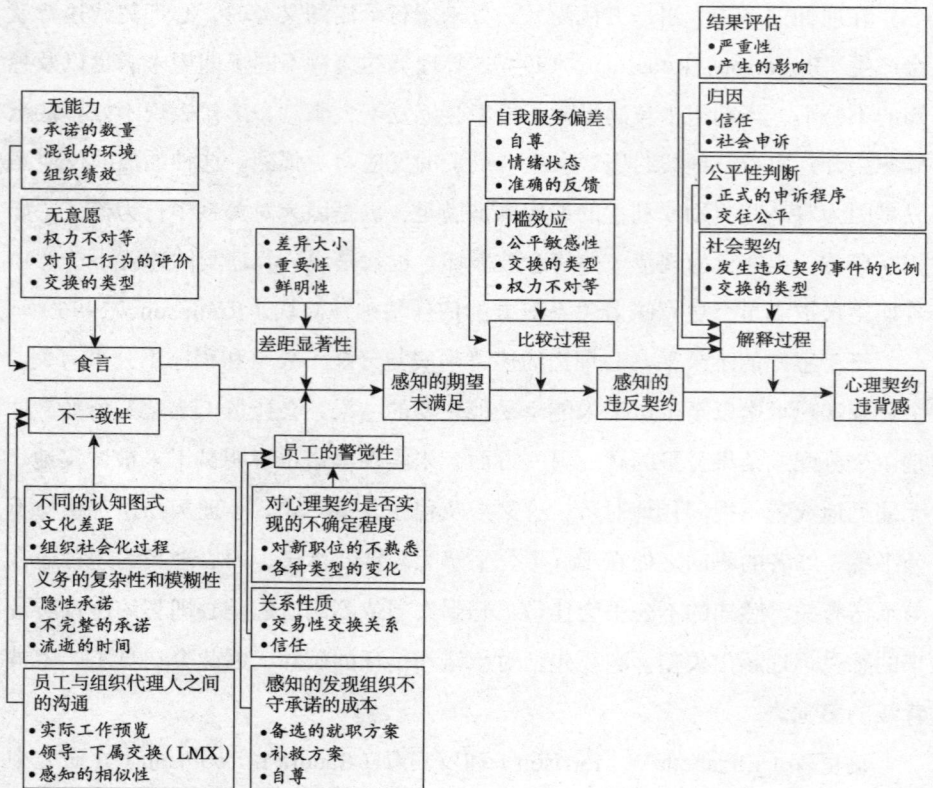

图 4-2　心理契约违背感的产生过程

资料来源：Morrison E W, Robinson S L. When employees feel betrayed: a model of how psychological contract violation develops[J]. Academy of Management Review, 1997, 22（1）: 226-256.

和不一致性。食言是指组织代理人故意不守承诺，不一致性是指员工和组织代理人对承诺有不同的理解。食言可能是因为没有能力或没有意愿，而对承诺的理解不一致是因为不同的认知图式、承诺的复杂性、模糊性以及沟通问题。二者导致员工感知到承诺未实现，引发员工对违反契约的认知，进而产生心理契约违背感。针对不同严重程度的事件以及对于不同警觉性的员工而言，感知的承诺未实现程度也会高低不一。从感知的承诺未实现到感知的违反契约，这之间存在一个比较过程，即将组织的承诺兑现率（实际提供的利益/承诺提供的利益）与员工的承诺兑现率（实际贡献/承诺的贡献）进行比较。如果组织未实现其承诺，而员工已经做出了相应的贡献却未得到充分的回报，员工就会认为心理契约被破坏。员工在比较自己与组织的承诺兑现率时，可能会出现两种偏差——自我服务偏差和门槛效应，即高估自己的贡献和得寸进尺。最后，在感知的违反契约和心理契约违背感之间，存在一个对已发生事件的解释过程。当负面事件发生时，人们会寻找一些信息来建构该事件的意义。感知的违反契约会触发意义建构过程，包括对结果的评估、对原因的归因、对公平程度的判断以及对维系关系的社会契约的评估。上述每一个要素都会调节感知的违反契约与心理契约违背感之间的关系。由于这些因素都是主观判断，所以也容易产生认知偏差。

（三）心理契约违背的自我调节过程

遭受心理契约违背后，一部分员工会辞职，与组织有关的心理契约直接终止；留下来的员工不再将之前的心理契约作为雇佣关系中行为和信念的指引，而是会启动一个自我调节过程（如图 4-3 所示），以减弱心理契约违背感（Tomprou，Rousseau，Hansen，2015）。首先他们会先评估能成功减弱违背感的可能性，然后选择合适的应对策略，最终实现减弱违背感这一目标。违背感减弱的可能性受两方面因素影响，一是员工可使用的资源（包括自身资源和组织资源），二是组织响应性，包括承认违反契约和采取修复措施。如果认为违背感减弱的可能性比较大，员工会采取接近型应对策略，例如问题聚焦策略和情绪调节策略；如果认为违背感减弱的可能性不大，员工会采取回避型应对策略，例如心理摆脱策略和行为摆脱策略。四种应对策略会导致违背感在不同程度上减弱，进而产生四种不同的结果——心理契约扩展、心理契约重新激活、心理契约受损和心理契约终止。如果违背感明显减弱，员工持有的心理契约可能会在内容上有所扩展，增加一些对双方更有利的条款，甚至员工有可能继续信赖之前的心理契约，重新激活被负面事件中断的心理契约。如果违背感并未明显减弱，结果可能是心理契约受损或者终止。心理契约受损意味着员工心里的负面情绪逐渐消散，但是对雇主的可信性仍表示怀疑；心理契约终止是指心理契约完全破裂，员工感知的心理契约差异和负面情绪仍然很突出。在违背感未减弱的情况下，员工无法置身于新的心理契约，虽身在组织，但他们对组织不再有归属感，也不愿意做出过多的努力。

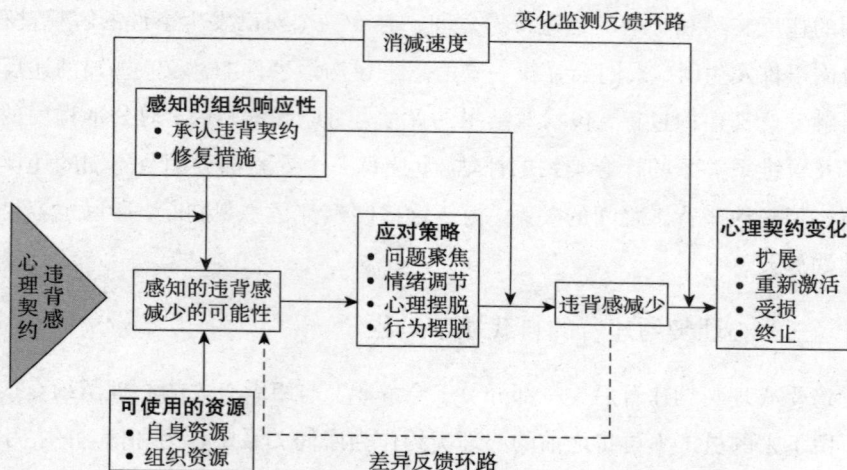

图 4-3　心理契约违背后的自我调节过程

资料来源：Tomprou M, Rousseau D M, Hansen S D. The psychological contracts of violation victims: A post-violation model[J]. Journal of Organizational Behavior, 2015, 36（4）: 561-581.

自我调节过程的目标是减少个人实际体验与其最初持有的心理契约之间的差异，与此同时消除负面情绪。这两个目标通过两个反馈系统来实现，汤普鲁（Maria Tomprou）等人称之为"差异反馈环路"（discrepancy feedback loop）

和"变化监测反馈环路"（meta-monitoring loop）。差异反馈环路，即图 4-3 中从"感知的违背感减少的可能性"到"违背感减少"这一过程，主要监测个人当前体验与其心理契约之间的差异，促使个人努力减少二者之间的负偏差。员工会根据感知的违背感减弱的可能性做出应对，以减少违背感，而违背感的实际减弱程度反过来又影响个人对违背感有无可能减少的判断，如此循环反复，不断消减员工实际体验与其最初持有的心理契约之间的差异。变化监测反馈环路，即图 4-3 中消减速度形成的作用线路，它反映了员工实际体验与其最初持有的心理契约之间差异消减的速度。员工会将自己可接受的速度作为此反馈环路的标准值。如果差异消减的速度高于可接受值，积极情绪就会产生；如果低于可接受值，消极情绪就会产生。另外，对违背感减弱的可能性判断以及违背感减弱后的心理契约重建，也会受差异消减速度影响。

二、服务不诚信行为与顾客心理契约违背

服务不诚信行为对顾客信任的影响，可以用心理契约违背理论来解释。顾客与服务企业之间的关系建立在互惠基础上。在服务过程中，企业可能会以书面文件、口头协议、行为管理政策等显性或隐性方式，向顾客传递一种未来意向，与此同时顾客也会对自己有权利得到什么、有义务付出什么，以及企业应该付出什么、得到什么，形成一定的期望或信念。这种在互惠和承诺基础上形成的期望或信念，实际上是一种心理契约。心理契约分为交易型和关系型两种，交易型心理契约由具体的、短期的经济性义务构成，双方的卷入度不高；关系型心理契约由广泛的、开放的、长期的义务构成，其建立的基础不只是经济要素（例如付费），也包括一些社会情感要素，例如忠诚和支持（Rousseau，1990）。顾客对服务性企业的心理契约可能既包括交易性要素，也包括关系性要素。一方面，在服务协议中企业通常会明确说明双方的权利和责任，这些内容正是顾客交易性心理契约的来源。另一方面，服务性企业的品牌声誉以及顾客与企业的长期合作关系，则是顾客形成关系性心理契约的基础。

当企业没有履行构成心理契约的互惠性义务时，顾客就会产生心理契约违

背感。心理契约违背是建立在认知评价基础上的一种情感体验。在认知层面，它包括感知的期望或承诺未满足以及感知的背叛；在情感层面，它是一种融合失望和愤怒的综合情绪。心理契约违背会影响顾客对企业的信任（赵鑫，马钦海，郝金锦，2011）。无论是因违约食言，还是因双方对承诺履行的理解不一致，心理契约违背都会破坏一方对另一方的正面期望，从而导致信任下降。心理契约违背对个人情感、态度和行为的负面影响，可能会因情境因素以及个人对情境的认知而有所缓和（Kickul，Lester，Finkl，2002）。

与普通商品相比，服务的消费风险较高，所以顾客在选择服务性企业时往往将声誉作为一个重要的决策因素。企业声誉直接影响顾客对企业的正面期望和信念。然而，在负面事件情境下，这种正面期望和信念可能会成为一柄双刃剑。一方面，企业声誉越高，顾客对企业的期望越高，负面事件所造成的心理契约违背就越强烈。另一方面，顾客对企业声誉的评价具有一定的稳定性，出于认知惯性，顾客不会轻易改变高声誉企业在自己心目中的地位。也就是说，良好的声誉可能是服务性企业应对不诚信行为的优势条件，也可能成为劣势条件。

三、信任修复措施与顾客的自我调节过程

服务不诚信行为会造成顾客心理契约违背，进而导致顾客信任下降。为了挽回顾客信任，服务性企业可以采取措施改变顾客对心理契约违背的认知及其情绪体验，促进顾客对心理契约违背的自我调节过程。参照汤普鲁（Maria Tomprou）等人的模型，企业的响应性会影响顾客对违背感减弱的可能性判断，进而影响其应对策略以及违背感消减的程度。企业可以通过诚挚的道歉、有理有据的否认以及切实可信的解释，对造成心理契约违背的事件作出口头回应，并通过实质性修复措施来减少实际体验与心理契约之间的差异。如果企业承认契约违背事件并愿意采取措施解决问题，顾客就更有可能相信违背感可以被减弱，从而采取更为主动的应对策略，让违背感确实减弱。违背感的减弱程度决定了心理契约的变化结果，也决定了信任修复的最终结果。在心理契约扩展或

重新激活的情况下，顾客会重新信任企业。在心理契约终止的情况下，顾客对企业的信任度并未回升，而且负面情绪仍然存在，信任修复未能成功。在心理契约受损的情况下，虽然顾客信任度未有显著回升，但负面情绪已被消除，顾客与企业之间的关系不至于完全破裂，企业还有进一步采取措施修复顾客信任度的可能性。

　　本项研究主要采用情景实验法来检验心理契约违背的中介作用，通过两个实验研究，分别检验心理契约违背的认知和情绪要素在信任违背、信任修复过程中的作用。实验一检验感知的承诺未满足、感知的背叛，以及失望和愤怒情绪是否中介服务不诚信行为严重性对顾客信任的影响；实验二分析服务员工的信任修复措施对顾客感知的承诺未满足、感知的背叛，以及失望和愤怒情绪是否有显著的影响，检验心理契约违背感（认知和情绪）在信任修复过程中的作用。

第二节　服务不诚信行为对顾客信任的影响机制

　　本节探讨服务不诚信行为对顾客信任的影响机制，通过实验法检验在服务不诚信行为对顾客信任的影响过程中，心理契约违背的中介作用。

一、概念模型

　　如前所述，可以将感知的期望未满足、感知的背叛以及失望情绪和愤怒情绪看作是顾客心理契约违背的认知和情绪要素。本次实验主要探讨在服务不诚信行为导致的信任违背过程中，顾客心理契约违背的中介作用以及企业声誉的调节作用，研究概念模型如图 4-4 所示。

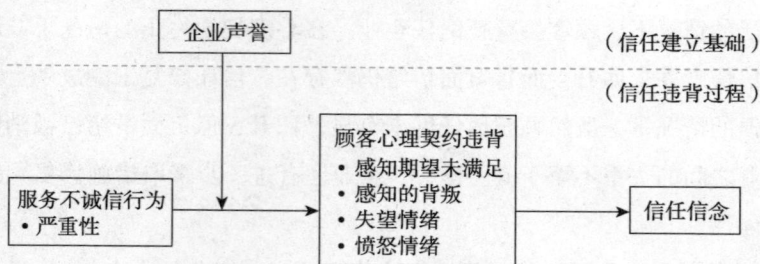

图 4-4　服务不诚信行为对顾客信任的影响机制研究模型

二、研究假设

（一）服务不诚信行为严重性的影响

诚信是一个道德层面的概念，意指诚实无伪，言而有信（焦国成，2002）。在本项研究中，诚信是指企业自觉遵守服务承诺或规则，对待客人诚实无欺，而服务不诚信行为是指服务传递过程中企业或其员工做出的有失诚信的行为。

服务不诚信行为引起的信任违背反应，因事件的严重程度而异。信任违背的严重程度可以从事件的重大性、事件发生的次数以及事件的类型三方面来分析（Lewicki，Tomlinson，2003）。服务不诚信行为是一种诚信型信任违背，比一般能力型信任违背更严重。当顾客感觉服务问题很严重时，顾客与企业之间的交换关系就会变得不平衡，进而强化顾客认为自身利益受损的印象（Smith，Bolton，Wagner，1999）。为了弱化服务接触的负面效应，顾客会重新部署各种资源和策略，以调整他们在服务交往中的位置（Luce，1998；McColl-Kennedy，Sparks，2003）。总之，顾客如何评估服务不诚信行为的严重性在一定程度上决定了他们的应对反应。

服务不诚信行为会影响顾客对服务企业的信任信念。信任信念是顾客对企业能力、诚信和善意的正面期望。能力是指企业在某些领域的技术、技能；诚信是指企业会遵守顾客所认同的原则和价值观；善意是指企业关心顾客利益，会为顾客做一些积极有益的事情。根据梅尔（Roger C Mayer）等人的信任模型，信任是一个动态变化的过程，如果信任带来的结果是正面的，施信方对受信方的能力、善意及诚信的感知会进一步增强。如果出现负面结果，施信方对受信方能力、善意及诚信的感知就会下降。也就是说，单次信任的结果会影响施信方对受信方的信任信念，进而影响下一次交往的信任水平。服务不诚信行为越严重，说明顾客本次信任的结果越负面，基于这种反馈信息，顾客对企业的信任信念就会越低。由此本研究提出假设 H_1。

H_1：服务不诚信行为的严重性对顾客后续信任信念有显著的正向影响。与严重程度较低的服务不诚信行为相比，严重程度较高的不诚信行为会导致更低的顾客信任信念。

（二）期望未满足与感知的背叛的中介作用

期望未满足（unmet expectations）是指企业的实际表现未能达到顾客的期望。服务过程中的不诚信行为，无论是承诺违背、消费欺诈还是信息不实，都会导致顾客的期望未被满足。这里的期望不只是顾客对于服务结果的期望，也包括顾客对服务性企业遵守合同承诺、诚实无欺的期望。或者说，期望未被满足不单是因为未能获得某些实际利益，例如旅游合同描述的行程安排、食宿标准等，也是因为一些普遍性的信念未能实现，例如关系双方应该相互尊重，遵守诚信原则等。不诚信行为的严重性程度越高，顾客感知的期望未被满足的程度也就越高。

期望未被满足会影响顾客对企业的信任。在营销学领域，有关期望失验（expectation disconfirmation）的实证研究表明，服务实绩与期望的不一致会影响顾客对企业的满意感（Szymanski，Henard，2001）和行为意向（White，Schneider，2000）。正向期望失验（即服务实绩高于期望）对顾客满意感和行为意向有显著的正向影响，而负向期望失验（即服务实绩低于期望）则会产生显著的负向影响。在组织研究领域，有关心理契约违背的实证研究检验了期望未满足对心理契约违背影响的中介作用。研究表明，期望未满足是心理契约违背的内在机制之一（Robinson，1996；Turnley，Feldman，2000）。服务不诚信行为引起的顾客信任流失既是一个信任违背过程，也是一个心理契约违背过程。本次研究将期望未满足看作是心理契约违背的认知要素，在此基础上提出假设 H₂。

H₂：服务不诚信行为严重性通过感知的期望未满足间接影响顾客信任。严重程度较高的服务不诚信行为会导致更强烈的期望未满足感，进而导致更低的顾客信任信念。

心理契约违背带来的远不止是期望未满足，还包括一些深层次的认知和情感体验（Rousseau，1989）。莫里森（Elizabeth W Morrison）和罗宾森（Sandra L Robinson）认为，心理契约违背的最低层面是因感知的期望未满足而产生的失望等情绪体验，而核心层面是因感知的背叛而产生的愤怒情绪（Morrison，Robinson，1997）。撇开情绪体验暂且不提，感知的背叛也是心理契约违背过程中的重要认知变量。

感知的背叛（perceived betrayal）是顾客个人的一种信念，即顾客认为服务提供方有意违背了维持关系所必须遵守的规范或标准（Grégoire，Fisher，2008）。如果企业或员工对顾客撒谎、利用顾客、欺骗顾客、破坏承诺，或者泄露私人信息，顾客就会感觉被背叛。服务不诚信行为违反了顾客与企业之间的关系规范，违背了顾客对企业履行互惠性义务的期望，破坏了顾客心理契约，结果影响顾客感知的背叛。服务不诚信行为越严重，顾客感知的背叛就越强。

感知的背叛实质上是顾客感知的企业对顾客信任的背叛。顾客之所以选择并购买某个企业的服务，通常是出于一定程度的信任。这种信任不仅包括对企业提供某些服务利益的正面期望，也包括对企业遵守关系规范、履行互惠性义务的正面期望。服务不诚信行为的发生，意味着服务企业或服务员工违背了顾客的信任期望，在此基础上产生的背叛感越强，顾客对服务企业的后续信任信念就会越弱。由此本研究提出假设 H₃。

H₃：服务不诚信行为严重性通过感知的背叛间接影响顾客信任。严重程度较高的服务不诚信行为会导致更强烈的背叛感，进而导致更低的顾客信任信念。

（三）失望和愤怒情绪的中介作用

服务不诚信行为越严重，顾客感知自己遭受的伤害或损失越大，在此基础上产生的负面情绪就越强烈。探索性研究发现，失望和愤怒是服务不诚信行为发生后两种较为突出的顾客情绪。尽管情绪效价相同，但失望和愤怒是两种不同的情绪。参照情绪的评价倾向理论，每种情绪都由一个描述其核心意义或主题的中心维度来界定（Smith，Ellsworth，1985）。确定性、控制性和责任是愤怒区别于其他情绪的中心维度。当个人认为负面事件是他人可以控制的，责任在于他人，并且结果确定时，愤怒情绪就会产生。失望是在结果比预期差时产生的一种情绪，负面性、意外性和结果确定性，是失望情绪产生的认知条件（Lerner，Keltner，2000）。服务不诚信行为意味着企业或员工没有遵守服务承诺或服务规则，致使顾客实际接受的服务比他们期望的要差。在顾客看来，这一结果是确定的、负面的、未预料到的，而且责任在于企业或其员工，所以顾客会感到失望和愤怒。

另一方面，顾客的失望和愤怒情绪越强烈，他们对企业的信任信念就会越弱。心境一致性理论认为，人们倾向于作出与当前情绪状态一致的判断。正面情绪会导致个人作出相对乐观的判断，而负面情绪会让个人作出悲观的判断（Forgas，Moylan，1987）。基于情绪效价的作用，失望和愤怒这两种负面情绪都会对信任产生负面影响。其次，根据评价倾向理论，每种情绪激活的认知倾向与该情绪的中心评价维度是一致的（Lerner，Keltner，2000）。无论是以他人控制性为评价中心维度的情绪，还是以低确定性为评价核心的情绪，都有可能影响信任（Dunn，Schweitzer，2005；Myers，Tingley，2011）

愤怒是一种基于他人控制性归因的负面情绪，意味着顾客将事情归因于人为的可控因素；失望是一种基于结果与期望的负向不一致而产生的负面情绪，通常伴随着对未来正面结果的不确定性判断。由此推断，作为两种评价维度不同的特定情绪，失望和愤怒均会影响顾客对企业的信任。

综合上述分析，本研究提出假设 H_4 和 H_5。

H_4：服务不诚信行为严重性通过失望情绪间接影响顾客信任。严重程度较高的服务不诚信行为会导致更强烈的失望情绪，进而导致更低的顾客信任信念。

H_5：服务不诚信行为严重性通过愤怒情绪间接影响顾客信任。严重程度较高的服务不诚信行为会导致更强烈的愤怒情绪，进而导致更低的顾客信任信念。

（四）企业声誉的作用

企业声誉是企业以往行为和结果的集合，反映了企业向利益相关者传递有价值结果的能力（Fombrun，Van Riel，1997），包含顾客、员工、供应商等利益相关者对企业所传递利益的感知（Fombrun，Gardberg，Sever，2000）。本项实证研究只关注顾客感知的企业声誉，即顾客感知企业如何善待他们并真心实意地关心他们的福利（Doney，Cannon，1997）。顾客对企业声誉的感知可以通过直接接触产品或服务形成，也可以基于朋友、亲人、同事或其他人的评论而产生。

企业声誉不仅影响顾客对产品和服务的整体态度（Brown，1995）、顾客信任（Johnson，Grayson，2005）、购买意向（Yoon，Guffey，Kijewski，1993）；也会影响顾客对服务失误的行为反应（Hess，2008），并且调节危机情境中各种应对策略的作用效果（方正，江明华，杨洋，等，2010）。良好的声誉有可能减缓负面事件对企业造成的影响，也有可能加剧负面影响。有关产品危机的研究显示，在有多次产品召回记录的企业中，高声誉企业的市场份额下降幅度要比低声誉企业更大（Rhee，Haunschild，2006）。

企业声誉的双面效应可以用信息加工理论以及期望违背效应来解释。从信息加工过程来看，声誉会导致选择性注意和偏向性信息处理（方正，江明华，杨洋，等，2010）。良好的企业声誉会让顾客持有积极的态度；而负面声誉会让顾客持有消极的态度。态度一旦形成，就会引导个体的信息处理过程（Petty，Wegener，Fabrigar，1997）。与先前态度一致的信息会被赋予更大的权重，或者说，其说服力要强于与先前态度不一致的信息。服务不诚信行为传递了一种与企业正面声誉不一致的信息。为了保持态度的一致性，对于此前声誉高的企业，顾客在认知过程中可能会屏蔽一些负面信息，从而减少对不诚信企业的负面评价以及由此产生的负面情绪。因此，从信息加工理论的逻辑来看，面对同样的服务不诚信行为，顾客对高声誉企业的负面反应要比对低声誉企业弱。

另一方面，企业声誉有助于顾客形成对企业产品或服务的期望。对于声誉好的企业，顾客通常会形成较高的正面期望；对于声誉一般的企业，顾客的正面期望则相对较低。尽管诚信经营是所有企业都应该遵守的基本商业伦理，但顾客往往对高声誉企业的诚信品格和诚信行为寄予更高的期望。顾客的正面期望越高，当违背期望的行为发生时，其负面反应就会越强烈（Burgoon，LePoire，1993）。从期望违背效应的角度来看，对于同样的服务不诚信行为，顾客对高声誉企业的负面反应会比对低声誉企业更强烈。

在诚信型信任违背情境下，"受害者"更关注负面信息（Kim，Dirks，Cooper，等，2006）。当服务不诚信行为严重程度较低时，负面信息的幅度较小，所以声誉的期望违背效应发生的可能性比较小，而态度一致性效应发生的可能性比较大。相反，当服务不诚信行为严重程度较高时，负面信息的幅度较大，更容易诱发期望违背效应。也就是说，当服务不诚信行为严重性较低时，顾客对高声誉企业的负面反应比对低声誉企业弱，而当服务不诚信行为严重程度较高时，顾客对高声誉企业的负面反应比对低声誉企业强。综合来看，服务不诚信行为严重性对高声誉企业的影响可能更大。由此本研究提出假设 H_6。

H_{6a}：企业声誉调节服务不诚信行为严重性对顾客感知的期望未满足的影响。在高声誉条件下，服务不诚信行为严重性对顾客感知的期望未满足影响更大。

H_{6b}：企业声誉调节服务不诚信行为严重性对顾客感知的背叛的影响。在高声誉条件下，服务不诚信行为严重性对顾客感知的背叛影响更大。

H_{6c}：企业声誉调节服务不诚信行为严重性对顾客失望情绪的影响。在高声誉条件下，服务不诚信行为严重性对顾客失望情绪影响更大。

H_{6d}：企业声誉调节服务不诚信行为严重性对顾客愤怒情绪的影响。在高声誉条件下，服务不诚信行为严重性对顾客愤怒情绪的影响更大。

三、研究方法

（一）实验设计

本次研究通过情景模拟实验来检验研究假设。实验设计为 2（企业声誉高/

低）×2（服务不诚信行为严重性高/低）组间设计。前文探索性研究发现，服务不诚信行为主要包括承诺违背、信息不诚信、强制消费三大类型，其中尤其以承诺违背居多，所以在此将实验情景设计为旅行社违背承诺，未按旅游合同安排住宿。为了避免因消费者与真实品牌的既有关系而造成的混杂效应，实验情境中旅行社的品牌以及旅游线路名称均为虚构。实验情景分为两个部分。第一部分描述旅行社的声誉。在高声誉实验条件下，旅行社享有很高知名度和美誉度，并且非常受欢迎；而在低声誉条件下旅行社只是享有一定的知名度和美誉度，受欢迎程度一般。第二部分描述服务不诚信行为。在服务不诚信程度较低的实验条件下，旅行社安排入住的酒店位置偏，只能看到部分海景，房间设施条件和卫生状况一般；而在服务不诚信程度较高的实验条件下，旅行社安排入住的酒店离海边远，基本看不到海，房间设施条件和卫生状况差(详见附录 D)。

正式实验采用方便取样，以问卷调查的形式进行，被试为广州白云国际机场（国内出发厅）候机乘客。调查人员在征得受访者同意后，采用一对一的方式请受访者填写调查问卷，最后赠送礼品。为了避免被试猜测研究意图而作出迎合性的回答，在问卷导语中仅说明这是一项关于旅行社服务质量的调查，并且先请被试回答一些关于旅行社服务的基本问题，然后根据第一部分情境描述评价企业声誉、信任信念，再根据第二部分情境描述评价事件严重性、感知的背叛、失望情绪、愤怒情绪、信任信念，最后是有关个人人口统计特征的题项。

（二）预测试

为了保证实验情景的信度以及实验操纵的有效性，在实施正式实验之前笔者首先在在校大学生中进行预测试。102 名在校大学生（女性占 68.6%，平均年龄为 21 岁）参与了实验材料的前测，结果显示，实验情景的可信度比较高（均值为 3.96，李克特 5 点尺度），被试对不同实验情景下企业声誉和不诚信行为严重性的评价与实验设计一致。在高声誉条件下，被试对企业声誉的评价更高（$M_{高声誉}$＝5.66，$M_{低声誉}$＝3.87；$F(1, 100)$＝130.589；$p<0.01$）；在不诚信行为严重程度较高的实验情景下，被试感知的严重性更高（$M_{严重程度高}$＝5.13，$M_{严重程度低}$＝4.29；$F(1, 100)$＝17.314；$p<0.01$）。

四、数据分析结果

（一）样本概况

本次实验共有 120 名机场候机乘客参与，所有被试被随机分派到 4 个实验组。在填写问卷的过程中，有 3 位被试中途被其他事情打断，另有 2 位被试是旅行社导游，笔者先根据现场情况将这类问卷剔除。另外，还有 3 份问卷因为在测量变量上遗漏题项较多而被剔除。最后，在回收的 120 份问卷中，实际用于数据分析的有 112 份（实验组样本量为 26～30 人）。其中女性占 42.1%，男性占 57.9%；年龄在 18～25 岁之间的占 45.3%，26～45 岁占 50.5%；大专或本科学历占 58.9%；民营企业从业人员占 30.5%；月收入 4000 元以上的占 45.6%。而且，82.1% 的被试与旅行社有过服务接触，其中 72.6% 的受访者有参团旅游经历。被试对参团旅游住宿质量的平均重视程度为 5.21。

为了识别一些可能影响实验假设关系的变量，笔者还通过卡方分析以及 ANOVA 分析，检验不同实验组的被试在人口统计特征以及出游特点上的差异。卡方分析结果显示，在性别、年龄、受教育程度、月收入、职业结构以及与旅行社的服务接触经历上，实验组之间均无显著差异（p 值分别为 0.419、0.329、0.364、0.989、0.320、0.459）。ANOVA 分析结果显示，各实验组之间被试对参团旅游住宿质量的重视程度没有显著差异（$F(3, 108) = 1.723$；p 值为 0.167）。

（二）测量变量及操纵检验

参考有关失望情绪的研究，本次研究用"对服务结果失望""对旅行社失望""感觉扫兴"来测量失望情绪（Van Dijk，Zeelenberg，2002）。愤怒情绪的测量项目包括"生气""愤怒""气愤"（Gelbrich，2010）；信任信念的测量项目包括"可靠""诚信""值得信赖"。感知的背叛包括"旅行社欺骗了我""旅行社背信弃义""旅行社故意对我撒谎"三个测量项目（Grégoire，Fisher，2008）。感知的期望未满足用两个项目来测量："你报团时对这家旅行社的最初期望，在多大程度上得到了满足""你报团时对这次旅行的最初期望，在多大程度上得到了满足"，测量程度从"完全未满足"到"完全满足"（Robinson，1996）。

将上述问题的反向计分作为"感知的期望未满足"的分值。所有测量项目均采用李克特 7 点尺度。

对企业声誉的操纵检验使用"T 旅行社享有很高的市场地位""品牌声誉非常好""品牌知名度非常高""很受消费者欢迎"四个测量项目（Chauduri, Holbrook, 2001）；对服务不诚信行为严重性的操纵检验包括"这件事情给我带来了很大的不便""对我造成了巨大的损失""这件事情非常严重"三个测量项目（Grégoire, Fisher, 2008）；同样采用李克特 7 点尺度。另外，问卷中还设计了一个问题来检验实验情景的真实性，即"您认为上述情景真实发生的可能性有多大"，1 表示可能性非常小，5 表示可能性非常大。

（三）初步分析

1. 测量信度

笔者利用 SPSS19.0 对实验数据进行初步分析，表 4-1 显示了测量变量的均值、方差、相关系数以及 Cronbach's α 系数。

表 4-1　测量变量的均值、方差、相关系数及 Cronbach's α 值

	均值	标准差	Cronbach's α	期望未满足	感知的背叛	失望情绪	愤怒情绪
期望未满足	4.63	1.18	0.84				
感知的背叛	4.93	1.17	0.90	0.512**			
失望情绪	4.75	1.15	0.88	0.490**	0.746**		
愤怒情绪	4.09	1.37	0.83	0.405**	0.611**	0.699**	
后续信任信念	2.79	1.13	0.94	−0.562**	−0.570**	−0.530**	−0.376**

注：$N=112$；**表示 $p<0.05$。

根据表 4-1，所有测量变量的 Cronbach's α 系数都在 0.8 以上，测量信度较高。感知的期望未满足、感知的背叛、失望情绪和愤怒情绪，与后续信任信念显著负相关。

2. 操纵检验

ANOVA 分析结果显示，不同声誉条件下，被试对企业声誉的感知存在显著差异（$M_{低声誉}=4.63$，$M_{高声誉}=5.38$，$F(1, 110)=26.099$；$p<0.001$），而对服

务不诚信行为严重性的感知没有显著差异（$M_{严重性—低声誉}$＝5.21，$M_{严重性—高声誉}$＝4.96，$F(1, 110)$＝1.078；$p>0.1$）。在不同严重性程度条件下，被试对服务不诚信行为严重程度的感知存在显著差异（$M_{低严重性}$＝4.58，$M_{高严重性}$＝5.58，$F(1, 110)$＝22.035；$p<0.001$），而感知的企业声誉没有显著差异（$M_{声誉—低严重性}$＝5.07，$M_{声誉—高严重性}$＝4.98，$F(1, 110)$＝0.369；$p>0.1$）。由此可见，本次实验对企业声誉和服务不诚信行为严重性的操纵成功。不同实验组测量变量的均值及标准差如表 4-2 所示。

表 4-2　不同实验条件下测量变量的均值及标准差

		期望未满足	感知的背叛	失望情绪	愤怒情绪	信任信念
企业声誉低	严重程度低(n＝26)	4.58(1.04)	4.97(1.20)	4.78(1.07)	4.21(1.37)	2.83(1.00)
	严重程度高(n＝27)	4.81(1.31)	5.20(1.17)	5.19(1.12)	4.37(1.46)	2.60(1.25)
企业声誉高	严重程度低(n＝29)	3.95(0.91)	4.30(1.22)	3.94(1.09)	3.55(1.36)	3.31(1.08)
	严重程度高(n＝29)	5.19(1.14)	5.28(0.88)	5.15(0.92)	4.29(1.21)	2.41(1.03)

（四）假设检验

1. 主效应检验

为了检验服务不诚信行为严重性的主效应，分别以后续信任信念以及信任流失水平为因变量进行 ANOVA 分析。结果显示，服务不诚信行为严重性对顾客的后续信任信念以及信任流失水平均有显著影响。当服务不诚信行为严重程度较高时，顾客的后续信任信念会更低（$M_{信任信念—高严重性}$＝2.51，$M_{信任信念—低严重性}$＝3.08，$F(1, 109)$＝7.682；$p<0.05$），信任流失水平更高（$M_{信任流失—高严重性}$＝2.13，$M_{信任流失—低严重性}$＝1.46，$F(1, 109)$＝6.648；$p<0.05$）。假设 H_1 得到支持。

2. 有调节的中介效应检验

对于中介效应的检验，以往研究常用的方法是因果步骤法和 Sobel 检验。在被广泛使用的同时，这两种检验方法也受到了一些研究者的批评。麦金农（David P MacKinnon）通过模拟研究比较了因果步骤法、系数差异法和系数乘积法三类中介效应检验方法，结果发现因果步骤法的统计功效最低，而且容易低估第 Ⅰ 类错误率（MacKinnon, Lockwood, Williams, 2004）。Sobel 检验法的统计功效优于因果步骤法，但它要求中介效应的抽样分布是正态分布。然而，实际情况是中介效应可能是偏态分布，并且峰值会随中介效应值的变化而变化。与上述两种方法相比，Bootstrap 法不要求中介效应符合正态分布，能适用于小样本以及各种中介效应模型，并且具有更高的统计功效（方杰，张敏强，李晓鹏，2011）。

本项研究使用美国俄亥俄州立大学海斯（Andrew F Hayes）博士所编写的PROCESS 程序[①]，以 Bootstrap 法来检验有调节的中介效应（moderated mediation）。本研项究假设感知的期望未满足、感知的背叛以及失望和愤怒情绪，中介不诚信行为严重性对顾客与企业关系结果的影响；同时也假设企业声誉调节不诚信行为严重性对中介变量的影响。研究假设所包含的关系对应于爱德华（Jeffrey R Edwards）和兰伯特（Lisa S Lambert）研究中的第一阶段调节模型（First Stage Moderation Model）[②]。为了更全面地检验企业声誉的调节效应，仍采用"总效应调节模型"（Total Effect Moderation Model），检验企业声誉的调节作用是发生在间接效应的第一阶段（$X{\rightarrow}M$），抑或间接效应的第二阶段（$M{\rightarrow}Y$），又或者是直接效应部分（$X{\rightarrow}Y$）。对应的回归方程为[③]

$$M=a_0+a_XX+a_ZZ+a_{XZ}XZ+e_M \tag{1}$$

$$Y=b_0+b_XX+b_MM+b_ZZ+b_{XZ}XZ+b_{MZ}MZ+e_Y \tag{2}$$

在进行数据分析之前，先将模型中的所有连续型变量中心化，并对不诚信行为严重性以及企业声誉进行编码，用"–1"表示低水平，"1"表示高水平。然后，分别以感知的期望未满足、感知的背叛、失望情绪、愤怒情绪为中介变量进行分析，PROCESS 程序运行的相关结果如表 4-3 和表 4-4 所示。

[①] 适用于 SPSS 统计软件的 PROCESS 程序可以从 http://www.afhayes.com 网站获取。

[②] 在 Edwards、Lambert（2007）的研究中，第一阶段调节模型是指变量 Z 调节自变量 X 对中介变量 M 的影响，即间接效应的第一阶段；第二阶段调节模型是指变量 Z 调节中介变量 M 对因变量 Y 的影响，即间接效应的第二阶段；直接效应调节模型是指变量 Z 调节自变量 X 对因变量 Y 的影响；总效应调节模型是以上三种模型的结合。

[③] 对应于 PROCESS 程序中的模型 59，Y 为因变量，X 为自变量，M 为中介变量，Z 为调节变量。a_{XZ} 系数显著，说明变量 Z 的调节效应发生在 X 对 Y 的间接效应的第一阶段；b_{MZ} 系数显著，说明 Z 的调节效应发生在间接效应的第二阶段；b_{XZ} 系数显著，则说明 Z 调节 X 对 Y 的直接效应。

表 4-3　回归系数表

中介变量	方程 1 ($X \to M$)				方程 2						
	a_0	a_X	a_{XZ}	R^2	b_0	b_X	b_M	b_Z	b_{XZ}	b_{MZ}	R^2
期望未满足	0.0025	0.3131***	0.2124**	0.1521***	-0.0599	-0.0988	-0.5198***	0.0381	-0.0565	0.0676	0.3288***
感知的背叛	-0.0181	0.2589**	0.1649*	0.1158**	-0.0692	-0.1158	-0.5361***	0.0029	-0.0690	0.0453	0.3421***
失望情绪	0.0515	0.3432***	0.1726**	0.1959***	-0.0368	-0.0749	-0.5074***	-0.0271	-0.0618	0.0107	0.2884***
愤怒情绪	0.0354	0.1690*	0.1110	0.0579*	-0.0484	-0.1959**	-0.3292***	0.0242	-0.1157	0.0390	0.1949***

注：***表示 $p<0.01$；**表示 $p<0.05$；*表示 $p<0.1$。

表 4-4　不同声誉条件下行为严重性的直接效应和间接效应 Bootstrap 检验

中介变量	调节变量	直接效应		间接效应		
		效应量（Effect）	p 值	效应量（Effect）	置信区间下限（BOOTLLCI）	置信区间上限（BOOTULCI）
期望未满足	声誉低	-0.0423	0.7166	-0.0592	-0.2517	0.0822
	声誉高	-0.1553	0.2332	-0.2376	-0.4329	-0.0909
感知的背叛	声誉低	-0.0468	0.6847	-0.0546	-0.2315	0.1041
	声誉高	-0.1848	0.1311	-0.2080	-0.4112	-0.0712
失望情绪	声誉低	-0.0131	0.9143	-0.0884	-0.2547	0.0322
	声誉高	-0.1367	0.3082	-0.2562	-0.4520	-0.1151
愤怒情绪	声誉低	-0.0801	0.5289	-0.0213	-0.1472	0.0772
	声誉高	-0.3116	0.0153	-0.0813	-0.2531	-0.0145

从表 4-3 中可以看出，回归方程（1）中自变量系数 a_X 显著（$p<0.05$）或边界显著（$p<0.1$），说明不诚信行为严重性显著影响顾客感知的期望未满足、感知的背叛，以及顾客的失望情绪和愤怒情绪。回归方程（2）中自变量系数 b_X 不显著而中介变量回归系数 b_M 显著，说明顾客感知的期望未满足、感知的背叛、失望情绪完全地中介不诚信行为严重性对顾客后续信任信念的影响，而自变量和中介变量的回归系数 b_X 和 b_M 均显著，说明愤怒情绪部分地中介不诚信行为严重性对信任信念的影响。

企业声誉调节中介变量的中介效应。如表 4-4 所示，无论在高声誉条件下，还是在低声誉条件下，不诚信行为严重性都是通过中介变量来影响信任信念，而且这一间接效应在高声誉条件下更大。企业声誉对中介效应的调节作用主要发生在第一阶段（交互项系数 a_{XZ} 显著而 b_{XZ}、b_{MZ} 均不显著），即调节不诚信行为严重性对中介变量的影响，但是以愤怒情绪为中介变量的情况除外。

在企业声誉高的条件下，不诚信行为严重性对感知的期望未满足、感知的背叛、失望情绪的影响显著更大（表 4-3 中交互项系数 a_{XZ} 的值为正）。或者说，当企业声誉较高时，不诚信行为严重程度在顾客感知的期望未满足、感知的背叛以及失望情绪方面造成的差异更大。尽管在此条件下不诚信行为严重程度造成的愤怒情绪差异也比较大，但与低声誉条件下相比，没有显著的统计差异（$a_{XZ}=0.111$，$t=1.1818$，$p=0.2399$）。

图 4-5、图 4-6、图 4-7、图 4-8 更直观地展示了企业声誉对自变量与中介变量之间关系的调节作用。

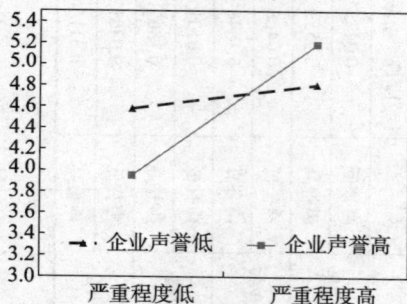

图 4-5　对感知的期望未满足的交互效应（显著）

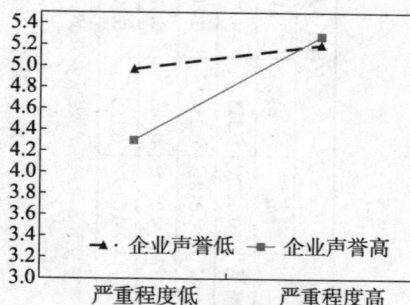

图 4-6　对感知的背叛的交互效应（显著）

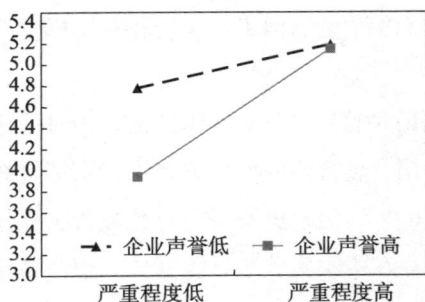

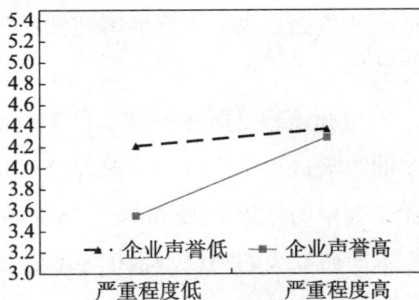

图 4-7　对失望情绪的交互效应（显著）　图 4-8　对愤怒情绪的交互效应（不显著）

综上所述，感知的期望未满足、感知的背叛以及失望情绪完全地中介了不诚信行为严重性对信任信念的影响，而愤怒情绪部分地中介这一影响，研究假设 H_2、H_3、H_4、H_5 得到支持。企业声誉显著调节感知的期望未满足、感知的背叛和失望情绪的中介效应，在高企业声誉条件下，不诚信行为严重性对上述变量的影响更大，假设 H_{6a}、H_{6b}、H_{6c} 得到支持。企业声誉对愤怒情绪中介效应的调节作用不显著，H_{6d} 未得到支持。

五、结论与讨论

实验研究结果表明，服务不诚信行为严重性显著影响顾客信任信念及信任流失水平。在服务不诚信行为发生之前，顾客通常对企业持有一定程度的信任，在服务不诚信行为发生之后，顾客对企业的信任信念显著下降。服务不诚信行为越严重，顾客信任流失幅度越大，顾客对企业的后续信任信念越弱。或者可以说，服务不诚信行为的发生会导致顾客信任违背，而不诚信的严重程度会影响信任违背反应的强烈程度。

在信任违背过程中，顾客会产生一系列认知和情绪反应。本次研究发现，感知的期望未满足和感知的背叛是其中两个重要认知变量，它们会因中介服务不诚信行为严重性对顾客信任信念产生影响。服务不诚信行为不仅破坏了顾客原先期望的服务利益，也违背了顾客对企业遵纪守法、诚实守信的基本信任，因此它引发的不只是对服务期望未被满足的认知，还包括一种因基本信任被破坏而产生的背叛感。这可能是服务不诚信行为与服务失误的区别所在。服务失误造成的负面后果会增强顾客感知的负向期望失验，但不一定会让顾客感觉自己受欺骗。

失望和愤怒是服务不诚信行为引发的两种特定情绪，在不诚信行为对信任信念的影响过程中发挥完全或部分中介作用。尽管归因模型强调了特定情绪在信任违背中的作用（Tomlinson，Mayer，2009），但较少有研究对此进行实证检验。本次研究为归因模型提供了实证支持。在本次实验中，顾客的失望情绪比愤怒情绪更为强烈，这可能与实验描述的情景有关。本次实验描述的是承诺违背这类服务不诚信行为，所以因承诺未兑现、期望未满足而产生的失望情绪会比较强烈。另外，实验情景中所描述的服务不诚信行为，在顾客看来可能还没有达到"非常严重"的程度，所以愤怒情绪不太强烈。如果在服务过程中承诺违背行为一而再、再而三地发生，顾客的愤怒情绪可能会随事件的严重性程度而加重。

由此可见，服务不诚信行为引发的信任违背过程实际上也是顾客心理契约违背的过程。顾客心理契约是顾客对自己与企业之间互惠性义务的感知和信念。以参团旅游服务为例，除了旅游合同条款所包含的有关双方义务的显性承诺之外，还存在一些双方心照不宣的隐性承诺。例如，顾客要先付费然后享受服务，而顾客付费之后旅游企业应该按照服务协议来提供服务。服务协议本身只是一种交易契约，而顾客对企业兑现承诺的信念则属于心理契约的内容。服务不诚信行为打破了顾客与企业之间的心理契约，导致顾客信任流失。

企业声誉会调节服务不诚信行为带来的负面影响。对于企业来说，一方面，声誉是一种良性资产，好的声誉会给企业增加一层保护网，缓冲负面事件对企业的影响（Hess，2008）。另一方面，声誉也是顾客期望的来源。对于高声誉企业，顾客会产生更强烈的信任，同时也会寄予更高的期望。

以往有关危机管理的实证研究表明，声誉对于危机应对有着积极的作用（方正，江明华，杨洋，等，2010）。本次研究发现，当服务不诚信行为严重程度较低时，顾客对低声誉企业的负面反应明显高于对高声誉企业；当不诚信行为严重程度较高时，顾客对高声誉企业的负面反应（例如感知的期望未满足、感知的背叛）甚至会高出低声誉企业。可见，声誉对于企业来说是一柄双刃剑。

在负面事件不太严重的情况下，良好的声誉可以保护企业，缓冲负面事件对企业的影响（态度一致性效应），但在负面事件较为严重的情况下，好的声誉会造成更大的顾客心理落差，导致更强烈的负面反应（期望违背效应）。这意味着对于比较严重的服务不诚信行为，高声誉企业要比低声誉企业付出更大的努力，而对于不太严重的服务不诚信行为，高声誉企业也要及时处理，避免事件进一步恶化。当不诚信行为严重程度较低时，尽管企业声誉能屏蔽一部分负面影响，但信任流失仍然明显存在。为了维持良好的顾客关系，企业有必要采取一些积极的应对措施，挽回一部分顾客信任。

第三节　信任修复措施对顾客信任的影响

本节探讨信任修复措施的作用效果，以及在顾客心理契约违背时（感知的期望未满足、感知的背叛、失望情绪和愤怒情绪信任修复措施）在信任修复过程中的作用。

一、概念模型

参照网络投诉分析结果，服务不诚信行为发生后顾客与企业的协商内容涉及责任归属、原因阐述、结果修正、损失弥补四个方面；解释原因和修正结果是顾客的投诉诉求之一。访谈研究也发现，道歉、解释、即时修正措施、事后补偿措施以及面向未来的预防措施是顾客期望的信任修复措施。现有研究从责任归属和损失弥补两方面比较了不同信任修复措施的作用效果，本项研究从原因阐述和结果修正两方面着手，分析解释性沟通、员工努力程度和修正性结果对顾客信任修复的影响。从关系修复视角来看，信任的修复可以通过认知过程以及社会程序来实现。解释性沟通一方面能引导顾客的认知过程，另一方面也是一种可以修复关系规范的社会程序。员工的努力程度和修正性结果致力于改变服务不诚信行为造成的负面结果，有助于修复关系均衡。作为一种即时的口头应对措施，解释性沟通可被看作是信任修复的起始程序，员工的努力程度和修正性结果则是修复行为的"过程"和"结果"。

服务不诚信行为违背了顾客对企业履行互惠性义务的期望，导致顾客期望未被满足并产生背叛感、失望和愤怒情绪，进而影响顾客信任。在信任修复情境下，服务人员的解释性沟通、努力程度以及修正性措施，有助于降低顾客感知的期望未满足和感知的背叛，减弱背叛感，消除顾客的失望情绪和愤怒情绪，从而在一定程度上挽回顾客对企业的信任。也就是说，解释性沟通、员工努力程度以及修正性结果可以通过缓解顾客的心理契约违背反应来修复顾客信任。

心理契约违背在信任修复过程中的中介作用可以用汤普鲁（Maria Tomprou）等人的心理契约违背后的自我调节过程来解释。从短期来看，信任修复的目标是挽回流失的信任。这一目标涉及两个方面：一是修复服务不诚信行为破坏的正面期望，二是消除因服务不诚信行为而产生的负面情绪。信任修复措施可以通过影响顾客对心理契约违背感的自我调节过程来实现这两个目标。信任修复措施体现了企业对心理契约违背事件（服务不诚信行为）的积极响应，由此顾客对违背感减弱的可能性抱有更积极的看法，进而采取更积极的应对策略来减弱违背感，维持顾客对企业的心理契约（Tomprou，Rousseau，Hansen，2015）。心理契约违背感减弱意味着服务不诚信行为造成的负面认知和负面情绪减少，在心理契约不至于终止的情况下，顾客对企业仍抱有一些正面期望，因此顾客信任度能在一定程度上回升。

本次实验研究的概念模型如图4-9所示。

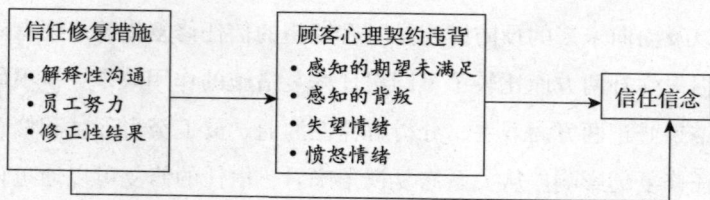

图 4-9　信任修复措施对顾客信任的影响研究模型

二、研究假设

（一）解释性沟通对信任修复的影响

解释是一种将某件事情或某个事物说清楚，让人理解的行为或过程（Shaw，Wild，Colquit，2003）。解释性沟通在重建关系的过程中发挥着重要作用。个体可以通过解释性沟通来影响他人的评价，进而保护自己的形象并维持与他人的关系（Hareli，2005）。解释性沟通有利于减少冲突反应，例如不信任、负面动机归因、不合作、报复、投诉等（Sitkin，Bies，1993）；有助于增强感知的信息公平（Wang，Mattila，Bartlett，2009），提高顾客对服务补救的满意感（Bradley，Sparks，2009），改善顾客对服务企业的态度（Bradley，Sparks，2012）。

解释性沟通包括借口和辩解两种形式。借口是指行为人承认自己行为不当或不好，但借由某些外部原因来否认承担全责，或者减轻情节严重性。与之不同，辩解是承认全部责任而否认自己的行为是不好的，意指行为是为了实现某些更高的目标。更进一步讲，借口试图说明负面结果是不可预见的，是情有可原的，而辩解是通过社会比较或者提升行为的目标来弱化结果的负面性（Schlenker，1980）。借口表达的是行为人并非蓄意而为，并未预先谋划，事件不在其能力掌控范围内，而辩解是将行为诉诸更高的权威、意识形态或规范（Tedeschi，Reiss，1981）。参照比斯（Robert J Bies）关于社会申诉的分类框架，借口属于原因申诉（causal accounts）或减轻性申诉（mitigating accounts），辩解属于观念申诉（ideological accounts）或豁免性申诉（exonerating accounts）（Bies，1987）。关于哪种形式的解释能产生更好的作用效果，萧（John C Shaw）等人通过元分析发现，借口能比辩解取得更有利的效果（Shaw，Wild，Colquit，2003）。本次研究对解释性沟通的操作性定义即为外部化的解释——借口。

借口类解释通过外部化将行为责任归因于企业无法控制的外部因素，在一定程度上否认了企业的不良意图，弱化了企业应该承担的责任。在诚信型信任违背情境下，受害者更关注负面信息（Kim，Dirks，Cooper，等，2006），通过外部化的解释来减少有关动机和责任的负面信息，有利于信任修复。本次研

究提出假设 H_1。

H_1：解释性沟通（借口类解释）对于顾客后续信任信念有显著的正向影响。与没有解释相比，在有解释性沟通（借口类解释）的条件下，顾客的后续信任信念相对更高。

借口类的解释如何在负面事件中发挥其作用效果？以往研究主要是参考归因理论和公平理论。按照韦纳（Bernard Weiner）的归因理论，个人对原因的推断包括三个维度——归属性、控制性和稳定性。归属性是指原因的来源（外部原因或内部原因）；控制性是指原因能否被控制；稳定性是指原因是相对稳定的还是暂时的（Weiner，2000）。借口类的解释将原因外部化，影响了个人对原因归属性和控制性的认知，进而影响个人对责任的判断，即通过归因认知来影响负面事件中受害者的决定。公平理论将责任归因视为受害者对负面事件作出反应时必经的步骤，受害者通过将现已发生的事情与可能发生的事情进行比较，以判断责任归属，这种基于对其他可能发生的事件的推理被称为反事实推理（Folger，Cropanzano，2001）。受害者可以通过三种对比性的反事实推理来分派事件的责任，即"原本可能"（would counterfactuals）、"原本可以"（could counterfactuals）和"原本应该"（should counterfactuals）。"原本可能"是将受害者的现状与可能存在的、更好的状态进行对比；"原本可以"是将行为不当者的所作所为与他原本可以做的进行对比；"原本应该"是从道义上将行为不当者的所作所为与他本应该做的进行比较。在负面事件中，如果行为不当者原本可以采取其他行为，或者说，本就不应该采取当前的行为（因为违反道德规范），那么事情的责任就在于他。显然，借口类的解释是针对"原本可以"这种反事实推理，向受害者说明自己无能为力，没有其他可行的行为可选。

除了对顾客归因认知和公平感的影响，解释性沟通还可以通过缓和顾客的心理契约违背反应来促进信任修复。具体来说，解释性沟通有助于减弱顾客感知的期望未满足、感知的背叛以及失望情绪和愤怒情绪，进而挽回一部分顾客信任。感知的期望未满足是指顾客在服务过程中的实际体验与其期望存在差异。在信任修复情境下，顾客所期望的内容不只是获得何种服务，还包括出现问题之后企业有义务做什么，应该怎么做；不只是对交易结果的期望，还包括对遵守关系规范的期望。解释性沟通是一种修复关系规范的社会程序，可以减少服务不诚信行为对服务结果和关系规范的破坏以及因此造成的顾客期望未满足。感知的背叛是一种基于意图推断和关系规范形成的信念（Grégoire，Fisher，2008）。解释性沟通反映了企业对服务不诚信行为的积极响应，而且借口类解释有助于引导顾客对服务不诚信行为的外部性归因，降低顾客对企业行为"有意性"的推断，进而缓解顾客感知的背叛。

按照情绪的评价倾向理论，失望情绪是基于对负面的、未预料到的、已确定的后果的评价。它可以是针对事件的结果（outcome-related disappointment），也可以是针对事件的行为人（person-related disappointment）。前者是参考某种目标来评价事件结果，而后者是参考某种标准来评价某个人（Van Dijk，Zeenlenberg，2002）。服务不诚信行为导致的失望情绪可能是二者的综合。一方面，解释性沟通虽未改变事件的结果，但它显示了服务提供方对事件的积极响应，有助于减弱顾客针对企业的失望情绪。另一方面，借口类解释将原因归于外部因素，降低了顾客对服务结果的期望，一定程度上也能缓和顾客针对服务结果的失望情绪。在心理层面，愤怒是一种以责任归因为中心评价维度的情绪（Lerner，Keltner，2000）。借口类解释弱化了企业的责任，在此情况下，顾客的愤怒情绪也会相应减少。本次研究提出假设 H_2。

H_{2a}： 解释性沟通（借口类解释）通过感知的期望未满足间接影响后续信任。在提供解释的条件下，顾客感知的期望未满足相对更弱，进而顾客的后续信任更高。

H_{2b}： 解释性沟通（借口类解释）通过感知的背叛间接影响后续信任。在提供解释的条件下，顾客感知的背叛相对更弱，进而顾客的后续信任更高。

H_{2c}： 解释性沟通（借口类解释）通过失望情绪间接影响后续信任。在提供解释的条件下，顾客的失望情绪相对更弱，进而顾客的后续信任更高。

H_{2d}： 解释性沟通（借口类解释）通过愤怒情绪间接影响后续信任。在提供解释的条件下，顾客的愤怒情绪相对更弱，进而顾客的后续信任更高。

（二）员工努力程度对信任修复的影响

员工努力程度是影响修正性措施作用效果的一个重要过程要素。顾客感知的员工努力是指顾客认为员工个人在服务过程中投入了多少精力（Mohr，Bitner，1995）。根据动机行为理论，一个人的动机可以从他行为的方向（目标）、强度（努力程度）以及持久性三个维度来推断（Locke，Shaw，Saari，等，1981）。服务不诚信行为发生后，服务员工采取实质性修正措施，这种行为首先在方向上是正向的。当服务员工投入更大的精力（努力）和时间（持续性）在这种行为上时，顾客感知的正面动机就会更强。在顾客眼中服务员工是服务企业的代表，对服务员工行为动机的正面推断，有助于改善顾客对企业整体可信赖性的评价。本次研究提出假设 H_3。

H_3：员工努力程度对顾客的后续信任信念有显著的正向影响，在高努力程度下，顾客的后续信任信念比低努力程度条件下更强。

员工努力程度也有助于缓和服务不诚信行为造成的心理契约违背反应，挽回一部分顾客信任。员工努力程度是服务交往公平中的一个重要因素。员工努力程度越高，顾客感知的交往公平性越高。在信任修复阶段，顾客对服务交往公平性的正面感知，有利于抵消之前因不诚信行为而造成的背叛感和愤怒情绪。已有实证研究表明，交往公平性对于顾客感知的背叛和愤怒情绪有显著的影响（Grégoire，Fisher，2008）。有关信任修复的研究也发现，交往公平性影响施信方对受信方的信任意向和信任行为（Tomlinson，2004）。

顾客感知的期望未满足及其失望情绪，既与服务结果密切相关，也与服务提供方的行为相关。员工努力程度高不一定能带来顾客期望的服务结果，但努力解决问题本身所释放的正面信息，有助于促进顾客对企业负责任、有道德等正面品质的评价，进而有助于修复顾客对企业遵守关系规范和道德标准的期望，减少顾客对企业的失望情绪。因此，本次研究提出假设 H_4。

H_{4a}：员工努力程度通过感知的期望未满足间接影响后续信任。在员工努力程度高的条件下，顾客感知的期望未满足相对更弱，进而顾客的后续信任更高。

H₄ᵦ：员工努力程度通过感知的背叛间接影响后续信任。在员工努力程度高的条件下，顾客感知的背叛相对更弱，进而顾客的后续信任更高。

H₄꜀：员工努力程度通过失望情绪间接影响后续信任。在员工努力程度高的条件下，顾客的失望情绪相对更弱，进而顾客的后续信任更高。

H₄ᵈ：员工努力程度通过愤怒情绪间接影响后续信任。在员工努力程度高的条件下，顾客的愤怒情绪相对更弱，进而顾客的后续信任更高。

（三）修正性结果对信任修复的影响

信任修复措施可被看作是信任结果与可信性评价反馈环中的一个中间过程，通过增强感知的可信性来影响后续信任水平（Schoorman，Mayer，Davis，2007）。

采取修正性措施这一行为本身传递了正面的动机信息，展示了企业的可信性。另一方面，修正性措施的实施结果决定了顾客最终享受到的服务结果，如果修正性措施能够成功实现，就意味着服务结果可能得到改善。服务结果的改善也有助于恢复顾客对企业的可信性评价，进而在一定程度上挽回顾客信任。从关系修复的角度来看，在服务不诚信行为发生后采取修正性措施，本身是一种符合服务双方关系规范的行为，有助于维持原有的关系规范，修复关系的均衡。本次研究提出假设 H₅。

H₅：修正性措施的实施结果对顾客的后续信任信念有显著的正向影响。在修正性措施结果实现的条件下，顾客的后续信任信念相对更强。

服务不诚信行为造成的心理契约违背反应，首先表现为顾客感知的服务结果与承诺不一致以及由此而产生的失望情绪。修正性结果减少了服务实绩与承诺之间的差距，因而有利于降低顾客感知的期望未满足，减弱顾客的失望情绪。从情绪效价上看，失望和愤怒都是在负面结果情境下产生的负面情绪，服务结果的改善，不仅会减弱顾客的失望情绪，也会减弱顾客的愤怒情绪。以往的实证研究也发现，补偿有助于提高顾客感知的结果公平，增加顾客满意感，从而安抚那些愤怒的顾客（Wirtz，Mattila，2004）。随着心理契约违背反应（感知的期望未满足、感知的背叛、失望情绪、愤怒情绪）的减弱，顾客对企业的信任也会在一定程度上回升。本次研究提出假设 H_6。

H_{6a}： 修正性措施的实施结果通过感知的期望未满足间接影响后续信任。在修正性措施结果实现的条件下，顾客感知的期望未满足程度相对更低，进而顾客的后续信任更高。

H_{6b}： 修正性措施的实施结果通过感知的背叛间接影响后续信任。在修正性措施结果实现的条件下，顾客感知的背叛相对更弱，进而顾客的后续信任更高。

H_{6c}： 修正性措施的实施结果通过失望情绪间接影响后续信任。在修正性措施结果实现的条件下，顾客的失望情绪相对更弱，进而顾客的后续信任更高。

H_{6d}： 修正性措施的实施结果通过愤怒情绪间接影响后续信任。在修正性措施结果实现的条件下，顾客的愤怒情绪相对更弱，进而顾客的后续信任更高。

三、研究方法

（一）实验设计

本次研究同样采用情景模拟实验来检验研究假设。实验设计为 2（有/无解释性沟通）×2（员工努力程度高/低）×2（修正性措施结果成功/不成功）组间设计。实验情境分为两个部分。第一部分是有关旅行社服务不诚信行为的描述，即旅行社未按旅游合同安排住宿（与第四章第二节不诚信严重程度高的实验情景相同）。第二部分是有关现场导游人员应对措施的描述。在有外部归因式解释的实验条件下，旅行社导游将原因解释为"现在是旅游旺季，海边酒店房源紧张，海景房很难预订到"，而在没有外部归因式解释的实验条件下，导游没有进行解释。在员工努力程度高的实验条件下，"导游打电话到酒店前台，详细询问了最近三天是否有视野更好的豪华房，或者条件更好的其他客房，并再三确认"，投入的精力和时间较长；在员工努力程度低的实验条件下，"导游打电话到酒店前台，简单问了一两句"，投入的精力和时间较短。在修正性措施可以实现的条件下，"导游告诉你，可以帮你更换一间风景和视野比较好的豪华园景房"，而在修正性措施无法实现的条件下，"导游告诉你，酒店客房全部住满了，没有空余房间可以更换"（详见附录 E）。

本次实验采用方便取样，以问卷调查的形式进行，被试为广州白云国际机场（国内出发厅）候机乘客。调查问卷的开始部分，先请被试回答一些关于旅行社服务的基本问题；然后请被试阅读实验情景，将自己想象成情景中的角色人物，再根据情景描述对信任违背后的信任信念、导游的应对行为、顾客感知的期望未满足程度、感知的背叛程度，以及顾客的失望情绪、愤怒情绪和后续信任信念进行评价。最后是有关个人人口统计特征的题项。问卷调查的具体实施过程与前文实验一相同。

（二）预测试

在正式实验之前，笔者首先对实验材料进行了前测。76 名机场候机乘客参与了实验前测。数据分析结果显示，实验情景的可信度较高（均值为 3.68，李克特 5 点尺度），被试对不同实验情景下信任修复措施的评价与实验设计一致。相比无解释沟通而言，在提供解释的条件下，被试对解释性沟通的评价更高（$M_{无解释}=2.59$，$M_{有解释}=4.78$，$F_{(1, 74)}=39.854$；$p<0.001$）。而且，在高努力程度条件下，被试对员工努力程度的评价更高（$M_{低努力}=2.76$，$M_{高努力}=4.62$，$F_{(1, 73)}=32.582$；$p<0.001$）；在修正性结果成功的条件下，被试对修正性措施结果的评价更高（$M_{结果未实现}=2.62$，$M_{结果实现}=5.67$，$F_{(1, 72)}=112.723$；$p<0.001$）。

（三）测量变量及操纵检验

在本次实验中，对"感知的背叛""愤怒情绪""失望情绪"的测量与实验一相同，而对"感知的期望未满足"的测量有所调整，直接用两个项目来测量，即"旅行社提供的服务，没有满足我最初报团时的期望"和"总的来说，旅行社的实际服务表现不符合我对它的期望"，测量程度从"完全不同意"到"完全同意"。另外，本次研究分别测量了采取信任修复措施之前和之后的信任信念，测量项目与实验一相同。

本次实验对解释性沟通（借口）的操纵检验，包括"旅行社导游解释了事情发生的原因""旅行社导游将事情的原因解释为企业外部因素"两个问题。

对员工努力程度的检验包括三个问题，即"导游花了很多时间来帮我""导游努力帮我解决问题""导游没有非常尽力"（反向）（Mohr，Bitner，1995）。对修正性措施结果的检验包括两个问题，即"与导游沟通要求换房，最终结果对我来说是好的""我得到了我想要的结果"。所有测量项目均采用李克特7点尺度。另外，问卷中也包含一个实验情景真实性的检验问题。"您认为上述情景真实发生的可能性有多大"，用1~5表示可能性的大小，1表示可能性非常小，5表示可能性非常大。

四、数据分析结果

（一）样本概况

本次实验共有179名机场候机乘客参与，所有被试被随机分派到8个实验组。实验组样本量为17~25人。其中，女性占41.9%，男性占58.1%；年龄为18~25岁的占42.5%，26~45岁占51.3%；大专或本科学历占70.9%；民营企业从业人员占21.8%；月收入4000元以上的占53.6%。而且，85.4%的被试与旅行社有过服务接触，其中68.5%的被试有参团旅游经历。被试对参团旅游住宿质量的平均重视程度为5.56。

为了识别一些可能影响实验假设关系的变量，笔者同样通过卡方分析以及ANOVA分析，来检验不同实验组被试在人口统计特征以及出游特点上的差异。卡方分析结果显示，在性别、年龄、受教育程度、月收入、职业结构以及与旅行社的服务接触经历上，实验组之间均无显著差异（p值分别为0.835、0.349、0.808、0.864、0.376、0.786）。ANOVA分析结果显示，各实验组之间被试对参团旅游住宿质量的重视程度没有显著差异（$F(7,169)=0.782$；p值为0.603）。

（二）初步分析

1. 测量信度

笔者利用SPSS19.0对实验数据进行初步分析，表4-5显示了测量变量的均值、方差、相关系数以及Cronbach's α系数。

表 4-5　测量变量的均值、方差、相关系数及 Cronbach's α 值

	均值	标准差	Cronbach's α	期望未满足	感知的背叛	失望情绪	愤怒情绪
期望未满足	5.07	1.64	0.89				
感知的背叛	4.51	1.45	0.88	0.627***			
失望情绪	4.62	1.28	0.89	0.473***	0.501***		
愤怒情绪	3.50	1.46	0.91	0.389***	0.472***	0.588***	
后续信任信念	2.63	1.24	0.96	−0.308***	−0.465***	−0.494***	−0.390***

注：$N=179$；***表示 $p<0.001$。

如表 4-5 所示，所有测量变量的 Cronbach's α 系数都在 0.8 以上，测量信度较高。感知的期望未满足、感知的背叛、失望情绪和愤怒情绪，与后续信任信念显著负相关。

2. 操纵检验

ANOVA 分析结果显示，不同解释性沟通条件下，被试对解释性沟通的评价存在显著差异（$M_{无解释}=1.74$，$M_{有解释}=5.05$，$F(1,177)=340.565$；$p<0.001$）；不同努力程度条件下,被试对员工努力程度的评价存在显著差异（$M_{低努力}=2.38$，$M_{高努力}=4.77$，$F(1,177)=214.684$；$p<0.001$）；不同结果条件下，被试对修正性措施的实施结果的评价也存在显著差异（$M_{结果未实现}=2.57$，$M_{结果实现}=5.30$，$F(1,177)=164.896$；$p<0.001$）。由此可见，本次实验对解释性沟通、员工努力程度以及修正性措施结果的操纵成功。不同实验组测量变量的均值及标准差如表 4-6 所示。

表 4-6　不同实验条件下测量变量的均值及标准差

			期望未满足	感知的背叛	失望情绪	愤怒情绪	信任信念
无解释	努力程度低	结果不成功	5.94(1.45)	5.31(1.56)	5.23(0.92)	3.88(1.41)	2.13(1.03)
		结果成功	5.17(1.83)	4.78(1.63)	4.59(1.37)	4.16(1.32)	2.00(1.03)
	努力程度高	结果不成功	5.65(1.43)	5.18(1.17)	5.38(1.21)	3.90(1.34)	2.00(0.80)
		结果成功	3.97(1.66)	4.05(1.24)	4.18(1.27)	3.16(1.33)	2.65(1.16)
有解释	努力程度低	结果不成功	6.00(0.93)	5.09(1.25)	5.32(0.96)	4.04(1.44)	2.39(1.26)
		结果成功	4.67(1.65)	4.12(1.13)	4.04(1.38)	3.01(1.38)	3.12(1.20)
	努力程度高	结果不成功	5.31(1.04)	4.16(1.16)	4.50(0.94)	3.08(1.55)	2.79(1.21)
		结果成功	3.89(1.45)	3.39(1.30)	4.02(1.28)	2.84(1.46)	3.84(1.13)

（三）假设检验

1. 主效应检验

分别以解释性沟通、努力程度、修正性措施结果为自变量，以顾客信任为因变量进行方差分析，结果显示解释性沟通、员工努力程度和修正性结果对顾客的后续信任有显著影响（如表 4-7 所示）。在提供借口类的解释条件下，顾客的后续信任信念比没有任何解释时更高（$M_{信任信念—无解释}$＝2.17，$M_{信任信念—有解释}$＝3.07，$F(1,176)$＝26.176；$p<0.001$）；在高努力程度下，顾客的后续信任信念比低努力条件下更强（$M_{信任信念—低努力}$＝2.41，$M_{信任信念—高努力}$＝2.89，$F(1,176)$＝6.892；$p<0.001$）；在修正性结果实现的条件下，顾客的后续信任信念比修正性结果未能实现时更强（$M_{信任信念—结果未实现}$＝2.33，$M_{信任信念—结果实现}$＝2.63，$F(1,176)$＝9.017；$p<0.001$）。假设 H_1、H_3、H_5 得到支持。

表 4-7　方差分析结果

源	III 型平方和	df	均方	F	Sig.
校正模型	64.176[a]	7	9.168	7.439	0.000
截距	1179.176	1	1179.176	956.750	0.000
解释性沟通	29.837	1	29.837	24.209	0.000
员工努力程度	7.054	1	7.054	5.724	0.018
修正性结果	13.804	1	13.804	11.201	0.001
解释×员工努力	0.835	1	0.835	0.677	0.412
解释×修正性结果	3.893	1	3.893	3.159	0.077
员工努力×修正性结果	2.919	1	2.919	2.369	0.126
解释×员工努力×修正性结果	0.679	1	0.679	0.551	0.459
误差	209.522	170	1.232		
总计	1500.667	178			
校正的总计	273.698	177			

注：R^2 等于 0.234（调整 R^2 为 0.203）。

除主效应显著之外，解释性沟通和修正性结果之间的交互效应边界显著（p 值为 0.077）。多重比较分析结果显示（如表 4-8 所示），在无解释性沟通的条件下，修正性结果如果能实现，会带来更高的顾客后续信任（均值 M 信任信念—无解释实现结果＝2.60，M 信任信念—无解释未实现结果＝2.07；$p<0.05$），在有解释性沟通的条件下也是如此（均值分别为 M 信任信念—有解释实现结果＝3.44，M 信任信念—有解释未实现结果＝2.27；$p<0.001$）。也就是说，不管有无解释性沟通，修正性结果能实现都会比结果未实现带来更高的顾客后续信任。当然，在既有解释性沟通，修正性结果又能实现的条件下,顾客的后续信任比只有结果没有解释时更高(均值 M 信任信念—有解释实现结果＝3.44，M 信任信念—无解释实现结果＝2.60；$p<0.01$)。

表 4-8　多重比较分析

解释—结果交互（I）	解释—结果交互（J）	均值差（I-J）	显著性
无解释结果未实现（2.07）	无解释结果实现（2.60）	−0.52857	0.035
	有解释结果实现（2.27）	−0.19669	0.415
	有解释结果实现（3.44）	−1.36857	0.000
无解释结果实现（2.60）	无解释结果未实现（2.07）	0.52857	0.035
	有解释结果实现（2.27）	0.33188	0.176
	有解释结果实现（3.44）	−0.84000	0.001
有解释结果未实现（2.27）	无解释结果未实现（2.07）	0.19669	0.415
	无解释结果实现（2.60）	−0.33188	0.176
	有解释结果实现（3.44）	−1.17188	0.000
有解释结果实现（3.44）	无解释结果未实现（2.07）	1.36857	0.000
	无解释结果实现（2.60）	0.84000	0.001
	有解释结果未实现（2.27）	1.17188	0.000

2. 中介效应检验

在进行数据分析之前，先将模型中的所有连续型变量中心化，并对解释性沟通、员工努力程度、修正性措施结果进行编码，用"–1"表示无或低水平，"1"表示有或高水平。接下来，分别以感知的期望未满足、感知的背叛、失望情绪、愤怒情绪为中介变量，以后续信任信念为因变量进行分析，PROCESS 程序运行的相关结果如表 4-9、表 4-10、表 4-11、表 4-12、表 4-13、表 4-14 所示。

表 4-9 解释性沟通对顾客后续信任的间接影响

中介变量	方程 1 ($X \rightarrow M$)			方程 2 ($X+M \rightarrow Y$)			
	a_0	a_X	R^2	b_0	b_X	b_M	R^2
期望未满足	-0.0051	-0.0921	0.0086	-0.0046	0.3324***	-0.2782***	0.2046***
感知的背叛	0.0008	-0.2379***	0.0566***	-0.0037	0.2634***	-0.4013***	0.2821***
失望情绪	0.0020	-0.2054***	0.0422***	-0.0031	0.2620***	-0.4716***	0.3437***
愤怒情绪	0.0018	-0.2074***	0.0430***	-0.0016	0.2924***	-0.3291***	0.2337***

表 4-10 解释性沟通对顾客后续信任的直接效应和间接效应 Bootstrap 检验

解释性沟通对顾客后续信任的直接效应	
效应量（Effect）	p值
0.3324	0.0000
0.2634	0.0001
0.2620	0.0000
0.2924	0.0000

不同中介变量条件下	效应量（Effect）	置信区间下限（BOOTLLCI）	置信区间上限（BOOTULCI）
期望未满足	0.0256	-0.0111	0.0844
感知的背叛	0.0954	0.0317	0.1867
失望情绪	0.0969	0.0308	0.1790
愤怒情绪	0.0683	0.0232	0.1337

表 4-11 员工努力程度对顾客后续信任的间接影响

中介变量	方程 1 ($X \rightarrow M$)			方程 2 ($X+M \rightarrow Y$)			
	a_0	a_X	R^2	b_0	b_X	b_M	R^2
期望未满足	-0.0254	-0.2212***	0.0490***	0.0121	0.1307***	-0.2802*	0.1111***
感知的背叛	-0.0221	-0.2249***	0.0502***	0.0077	0.0948	-0.4428***	0.2248***
失望情绪	-0.0115	-0.1243*	0.0153*	0.0116	0.1310***	-0.5092***	0.2944***
愤怒情绪	-0.0173	-0.1873***	0.0346***	0.0123	0.1270*	-0.3662***	0.1673***

表 4-12　员工努力程度对顾客后续信任的直接效应和间接效应 Bootstrap 检验

不同中介变量条件下	员工努力程度对顾客后续信任的直接效应		员工努力程度对顾客后续信任的间接效应		
	效应量（Effect）	p 值	效应量（Effect）	置信区间下限（BOOTLLCI）	置信区间上限（BOOTULCI）
期望未满足	0.1307	0.0772	0.0620	0.0202	0.1310
感知的背叛	0.0948	0.1674	0.0996	0.0331	0.1937
失望情绪	0.1310	0.0423	0.0633	-0.0098	0.1452
愤怒情绪	0.1270	0.0743	0.0685	0.0178	0.1475

表 4-13　修正性结果对顾客后续信任的间接影响

中介变量	方程 1（$X \rightarrow Y$）			方程 2（$X+M \rightarrow Y$）			
	a_0	a_X	R^2	b_0	b_X	b_M	R^2
期望未满足	0.0253	-0.3770***	0.1422***	-0.0091	0.1197	-0.2639***	0.1071***
感知的背叛	0.0200	-0.2787***	0.0772***	-0.0086	0.0992	-0.4364***	0.2254***
失望情绪	0.0267	-0.3430***	0.1169***	-0.0038	0.0460	-0.5097***	0.2794***
愤怒情绪	0.0103	-0.1307*	0.0170*	-0.0127	0.1737***	-0.3671***	0.1814***

表 4-14　修正性结果对顾客后续信任的直接效应和间接效应 Bootstrap 检验

在不同中介变量条件下	修正性结果对顾客后续信任的直接效应		修正性结果对顾客后续信任的间接效应		
	效应量（Effect）	p 值	效应量（Effect）	置信区间下限（BOOTLLCI）	置信区间上限（BOOTULCI）
期望未满足	0.1197	0.1246	0.0995	0.0359	0.1859
感知的背叛	0.0992	0.1539	0.1216	0.0560	0.2127
失望情绪	0.0460	0.5014	0.1748	0.0972	0.2716
愤怒情绪	0.1737	0.0132	0.0480	-0.0021	0.1141

　　根据表 4-9 显示的结果，当以感知的期望未满足为中介变量时，回归方程 1 中 R^2 和自变量系数 a_X 均不显著，说明解释性沟通对感知的期望未满足没有显著影响，期望未满足的中介作用不明显，假设 H_{2a} 未得到支持。解释性沟通对感知的背叛、失望情绪、愤怒情绪均有显著影响。在分别加入这些中介变量后，解释性沟通对顾客后续信任的间接效应显著，直接效应也显著（$p<0.01$）（如表 4-10 所示），说明感知的背叛、失望情绪和愤怒情绪部分中介解释性沟通对后续信任的影响，假设 H_{2b}、H_{2c}、H_{2d} 得到支持。

　　从表 4-11 中可以看出，员工努力程度对感知的期望未满足、感知的背叛、愤怒情绪均有显著影响，对失望情绪的影响边界显著（$p<0.1$）。当中介变量为感知的期望未满足、失望情绪、愤怒情绪时，加入中介变量后员工努力程度对顾客后续信任的间接效应显著，直接效应也显著；当中介变量为感知的背叛时，员工努力程度对顾客后续信任的直接效应不显著（如表 4-12 所示）。由此可见，感知的背叛起到了完全中介作用，而感知的期望未满足、失望情绪、愤怒情绪发挥部分中介作用，假设 H_{4a}、H_{4b}、H_{4c}、H_{4d} 得到支持。

　　根据表 4-13 显示的结果，修正性结果对感知的期望未满足、感知的背叛、失望情绪均有显著影响，对愤怒情绪的影响边界显著（$p<0.1$）。当中介变量为感知的期望未满足、感知的背叛、失望情绪时，加入中介变量后修正性结果对顾客后续信任的间接效应显著，直接效应不显著；当中介变量为愤怒情绪时，员工努力程度对顾客后续信任的间接效应显著，直接效应也显著（如表 4-14 所示）。这说明感知的期望未满足、感知的背叛、失望情绪起到了完全中介作用，而愤怒情绪发挥部分中介作用，假设 H_{6a}、H_{6b}、H_{6c}、H_{6d} 得到支持。

五、结论与讨论

　　本次研究发现，解释性沟通、员工努力程度以及修正性结果显著影响顾客的后续信任信念。服务不诚信行为发生之后，服务员工的解释性应对，即便是借口类解释也有助于挽回顾客信任。解释性沟通主要通过感知的背叛、失望情绪和愤怒情绪间接影响顾客信任。与没有提供解释性沟通相比，借口类解释能减弱顾客感知的背叛、减少失望情绪和愤怒情绪，但是对感知的期望未满足没有显著影响。顾客对服务性企业遵守心理契约的期望，不仅包括提供承诺的服务结果，而且包括遵守公平交易、诚信经营的关系规范。解释性沟通是信任修复中的一个过程要素，它是一种信息型修复措施，而非功能型修复措施（Xie，Peng，2009）。虽然借口类的解释有助于弱化企业的责任，但是它没有改变现有服务结果，因此顾客对服务结果的期望仍然未被满足。另外，本次研究将解释性沟通操作性定义为借口类解释，相比将不诚信行为归因于外部因素，顾客有可能更期望看到企业承认过错，将原因归于自身。反过来说，尽管未能满足顾客的期望，但借口类的解释对顾客感知的背叛、失望情绪和愤怒情绪有显著影响。在缺少解释性说明的情况下，顾客对行为严重性的判断可能会递增，心理契约违背反应加剧。从这个角度来看，解释性沟通在信任修复中可以起防御性作用，避免不诚信行为的结果进一步恶化。

员工努力程度通过感知的期望未满足、感知的背叛、失望情绪和愤怒情绪间接影响顾客信任。与低努力程度条件相比，在高努力程度条件下顾客感知的期望未满足和背叛感更弱，失望情绪和愤怒情绪也更弱。努力程度反映了员工处理服务不诚信事件时的积极态度，努力程度越高，顾客感知的公平性越强，因而背叛感和愤怒情绪会减弱。在服务过程中（包括信任修复阶段），顾客的期望不仅指向服务结果，也指向服务提供者。同样地，失望也可以按照指向性分为两类，与结果相关的失望和与行为者相关的失望（Van Dijk，Zeelenberg，2002）。因此，无论服务结果能否被修正，只要员工努力解决问题，顾客感知的期望未满足和失望情绪就会有所减缓。

修正性结果也通过感知的期望未满足、感知的背叛、失望情绪和愤怒情绪间接影响顾客信任。作为一种功能性修复措施，当修正性结果实现时，顾客感知的期望未满足、感知的背叛和失望情绪会显著减弱，愤怒情绪也会减少。当然，并不是说只要修正性措施结果能实现，解释性沟通和员工努力就显得没有必要了。本次研究还发现，在修正性结果成功实现的情况下，解释性沟通对于信任修复有显著的促进作用。相比没有解释性沟通，借口类的解释也能进一步缓解顾客感知的期望未满足、感知的背叛和愤怒情绪，从而挽回更多的顾客信任。

　　综合来看，服务员工的积极应对（提供解释、努力解决问题、修正结果）能在不同程度上减弱服务不诚信行为造成的顾客心理契约违背反应，无论是口头应对还是实质性修复措施，积极的应对方式都有助于减弱顾客感知的背叛。感知的背叛是顾客感知的企业对关系规范的背叛，背叛感的减弱意味着被破坏的关系规范逐渐被修补，而关系规范的修复是信任修复的基础。

第五章
研究结论与启示

　　本章介绍本项研究的主要结果、研究贡献和管理启示，指出本项研究的局限性，并对今后的研究方向提出一些建议。

第一节　研究结论

　　本项研究通过网络投诉分析和访谈研究，初步探讨服务不诚信行为的类型、影响以及企业的应对策略。研究发现，服务不诚信行为主要表现为承诺违背、信息不诚信、强制消费三种类型；服务不诚信行为发生之后，顾客的认知、情绪以及行为反应，可以被视为一个信任违背过程；信任违背的起因是不同类型的服务不诚信行为，结果是顾客信任的流失，中间心理过程是对服务不诚信行为的认知评价和情绪反应，其中归因认知、公平性判断和心理契约违背是认知评价过程的三条主线（第三章）。根据探索性研究形成的理论模型，本项研究着重探讨了心理契约违背的认知要素（感知的期望未满足和感知的背叛）以及情绪要素（失望和愤怒），对服务不诚信行为严重性与顾客信任之间关系的中介作用，并检验了企业声誉对中介效应的调节作用（第四章）。在此基础上，本项研究进一步分析信任修复措施（解释性沟通、员工努力与修正性结果）对顾客后续信任的影响，以及心理契约违背所发挥的中介作用（第四章）。

一、服务不诚信行为及其影响

（一）服务不诚信行为的类型

从网络投诉和访谈结果来看，服务不诚信行为主要包括承诺违背、信息不诚信和强制消费三类，其中以承诺违背最为常见。承诺的形式可能是服务人员的口头承诺，也可能是书面承诺（如旅游合同）；内容上既包括明确的承诺，也包括企业有形或无形资产形成的隐性承诺，例如一部分顾客在报名参加旅游团时，认为大旅行社或者"国字号"旅行社的服务质量更有保障。承诺违背可能发生服务促销、预订、生产阶段，例如企业以优惠券、奖品为促销手段吸引顾客购买后却未兑现、企业单方面取消服务订单、实际服务与承诺的不一致等。承诺违背也可能发生在服务补救和服务退出阶段，例如未按承诺的标准提供补偿、未按承诺的时间退款等。服务补救过程中的承诺违背，可能会将普通的服务失误升级为服务不诚信行为。相比服务能力问题，服务诚信问题造成的负面影响更严重。

由于交易双方信息不对称，服务过程中信息不诚信问题出现的频率也较高。最常见的是服务预订过程中员工刻意隐瞒相关信息（如服务硬件缺陷）、提供虚假信息（如以供应商涨价为由解释价格上涨），以及服务价格信息前后不一致。相比承诺违背，这类服务不诚信行为不易识别，顾客往往要从多方（如其他顾客的在线评论、供应商网站）搜集信息才能发现。

另一种服务不诚信行为是强制消费，这种行为较多出现在旅行社服务过程中。这类行为不仅有违诚信，而且违法。《旅游法》第四十一条规定，导游和领队应当严格执行旅游行程安排，不得擅自变更旅游行程或者中止服务活动，0 不 0 得向旅游者索取小费，不得诱导、欺骗、强迫或者变相强迫旅游者购物或者参加另行付费旅游项目。在《国家旅游局关于打击旅游活动中"欺骗、强制购物行为"的意见》中也明确指出，对于强迫游客消费的导游，将受到吊销导游证等行政处罚，并列入旅游经营服务不良信息。随着相关法律法规陆续出台，旅游服务中的强制消费行为得到了一定程度的遏制，但仍有从业人员以更为隐蔽的方式强制消费，例如导游对不参加自费项目的游客进行冷处理，如果不参加就只能待在大巴车里，尽管合同中没有明示必须要参加自费项目。

（二）服务不诚信行为与顾客信任违背

服务不诚信行为破坏了顾客对企业的初始信任信念，导致顾客信任流失，其中伴随着一系列的认知评价和情绪反应。首先顾客会对实际服务表现、事件原因以及企业的应对表现进行评价，并由此产生不满、愤怒、失望等负面情绪；在这样的认知和情绪状态下，顾客会综合对服务提供方以及个人决策的回溯性和前瞻性评价，做出是否信任企业的认知判断以及回避、对抗、协商、保留等行为决策。也就是说，顾客的认知和情绪反应一定程度上决定了双方的关系结果。如果顾客对实际服务表现的评价特别差，包括感知的服务质量差、感知的损失大、感知的公平性低，感知实际表现与期望不一致、感知企业欺骗等，或者顾客将行为责任归因于企业，就会产生负面情绪，影响顾客对服务提供方的可信性评价。可信性评价直接影响顾客信任。如果顾客认为企业可信，则有可能会继续信任企业，继续购买企业的产品或服务，双方关系可以维持。如果顾客对企业的可信性表示怀疑，结果可能是有条件地信任企业，例如在有外部监管或惩罚制度保障的条件下信任企业，有选择性地购买企业的产品或服务。在此情况下，双方关系可以维持但强度会弱化。如果顾客认为企业不可信，就会不再信任企业，不再购买企业的产品或服务，甚至通过投诉、负面口碑宣传来报复企业，双方关系中止或者变为对抗关系。值得注意的是，在采取实际行动之后，顾客不仅会评估这几种应对策略的可行性和实施成本，也会评估企业是否需要采取补偿措施以及有可能提供什么补偿，在探索性研究中我们称之为前瞻性评价。

总的来说，服务不诚信行为引发的顾客认知和情绪反应，类似于列维奇（Roy J Lewicki）和邦克（Barbara B Bunker）提出的信任违背的动态过程。略为不同的是，服务不诚信行为造成的是诚信型信任违背这一特殊类型；而且，除了评估实际服务表现、归因认知等回溯性评价，对企业补偿措施和预期以及对个人应对策略的判断等前瞻性评价，也会影响关系走向。

（三）服务不诚信行为与心理契约违背

服务不诚信行为对顾客信任的影响可以用心理契约违背来解释。尽管有关心理契约的研究主要以组织员工为对象，但顾客和服务性企业之间同样存在着心理契约，包括对双方责任和义务的基本期望或信念。在员工与组织关系中，有两种情况会让员工产生心理契约违背感——食言和不一致性，在顾客与企业关系中也是如此。三类服务不诚信行为中，承诺违背属于食言，而信息不诚信和强制消费容易造成顾客和服务提供者对于承诺的不同理解。

服务不诚信行为会造成一系列的认知和情绪反应，其中感知的期望未满足和感知的背叛是两种比较突出的认知反应，失望和愤怒是两种比较突出的情绪反应。在认知层面，服务不诚信行为不仅破坏了顾客对服务利益的期望，也违背了顾客对企业遵纪守法、诚实守信等基本关系规范的期望。它引发的不只是感知的期望未满足，还包括因基本关系规范被破坏而产生的背叛感。这可能是服务不诚信行为造成的信任违背反应，与其他负面事件造成的信任违背反应的差别所在。在情绪层面，服务不诚信行为不仅让顾客失望，也会导致愤怒情绪，前者主要是基于感知的期望未满足，后者则是基于感知的背叛。

本项研究将感知的期望未满足和感知的背叛是顾客心理契约违背在认知层面的表现，而失望和愤怒是顾客心理契约违背在情绪层面的表现。实验研究结果表明，顾客感知的期望未满足、顾客感知的背叛、失望情绪完全中介不诚信行为严重性对顾客信任的影响，而愤怒情绪部分中介不诚信行为严重性对顾客信任的影响。由此可见，服务不诚信行为引发的信任违背过程实际上也是顾客心理契约违背过程。

（四）企业声誉的调节作用

企业声誉调节服务不诚信行为对顾客认知和情绪的影响。在服务消费情境下，企业声誉是影响顾客决策判断的一个重要因素，它不仅影响顾客对产品和服务的选择，也会影响顾客对负面服务结果以及企业负面事件的行为反应。本项研究发现，当服务不诚信行为严重程度较低时，顾客对低声誉企业的负面认知（感知的期望未满足、感知的背叛）和负面情绪（失望和愤怒）显著高于对高声誉企业；当服务不诚信行为严重程度较高时，顾客对高声誉企业的负面情绪（失望和愤怒）与低声誉企业没有显著差异，但是对高声誉企业的负面认知（感知的期望未满足、感知的背叛）会高于低声誉企业。由此可见，服务性企业在享受高声誉所带来的利益的同时，也承担着高期望所隐含的风险。

三、信任修复措施的作用

根据网络投诉分析结果，解释原因和修正结果是服务不诚信行为发生后顾客的重要投诉诉求，因此本项研究从原因阐述和结果修正两方面着手，分析解释性沟通、员工努力程度和修正性结果对顾客信任修复的影响。实验研究发现，服务员工提供解释性沟通（即使是借口类解释），努力帮助顾客解决问题，采取修正性措施修正服务结果，均有助于挽回顾客信任。解释性沟通可以弱化顾客对企业的责任归因，而服务员工的实际努力和行动结果所传递的正面动机，也有助于降低负面信息在顾客认知判断中的比重。

上述信任修复措施对顾客后续信任的影响是通过减缓顾客的心理契约违背反应来实现。解释性沟通部分地通过减弱顾客感知的背叛、失望情绪、愤怒情绪来修复信任；员工努力程度完全通过减弱背叛感而部分地通过减缓感知的期望未满足、失望情绪、愤怒情绪来修复信任；修正性结果完全通过对感知的期望未满足、感知的背叛和失望情绪的影响，而部分通过对愤怒情绪的影响来挽回顾客信任。因此，既可以将信任修复措施的作用过程看作是企业可信性的修复过程（Schoorman，Mayer，Davis，2007），也可以看作是顾客心理契约违背的自我调节过程（Tomprou，Rousseau，Hansen，2015）。

当然，通过一线员工的即时应对措施来减弱顾客对服务不诚信行为的负面反应，这只是服务性企业信任修复的第一步。服务性企业还应该通过后续的正面行为来传递更多的正面信息，用额外的、富含情感内容的关系策略来赢得顾客宽恕（Jones，Dacin，Taylor，2011），在此基础上重建顾客信任。

本章定量研究中所有研究假设及检验结果如表 5-1 所示。

表 5-1　研究假设及检验结果总览

研究	假设	结果
研究一	H_1：服务不诚信行为的严重性对顾客的后续信任有显著的负向影响。与严重程度较低的服务不诚信行为相比，严重程度较高的不诚信行为会导致更低的顾客信任信念	支持
	H_2：服务不诚信行为严重性通过感知的期望未满足间接影响顾客信任。严重程度较高的服务不诚信行为会导致更强烈的期望未满足感，进而导致更低的顾客信任信念	支持
	H_3：服务不诚信行为严重性通过感知的背叛间接影响顾客信任。严重程度较高的服务不诚信行为会导致更强烈的背叛感，进而导致更低的顾客信任信念	支持
	H_4：服务不诚信行为严重性通过失望情绪间接影响顾客信任。严重程度较高的服务不诚信行为会导致更强烈的失望情绪，进而导致更低的顾客信任信念	支持
	H_5：服务不诚信行为严重性通过愤怒情绪间接影响顾客信任。严重程度较高的服务不诚信行为会导致更强烈的愤怒情绪，进而导致更低的顾客信任信念	支持
	H_{6a}：企业声誉调节服务不诚信行为严重性对顾客感知的期望未满足的影响。在高声誉条件下，服务不诚信行为严重性对顾客感知的期望未满足影响更大	支持
	H_{6b}：企业声誉调节服务不诚信行为严重性对顾客感知的背叛的影响。在高声誉条件下，服务不诚信行为严重性对顾客感知的背叛影响更大	支持
	H_{6c}：企业声誉调节服务不诚信行为严重性对顾客失望情绪的影响。在高声誉条件下，服务不诚信行为严重性对顾客失望情绪影响更大	支持
	H_{6d}：企业声誉调节服务不诚信行为严重性对顾客愤怒情绪的影响。在高声誉条件下，服务不诚信行为对顾客愤怒情绪的影响更大	未支持
研究二	H_1：解释性沟通（借口类解释）对于顾客后续信任信念有显著的正向影响。与没有解释相比，在有解释性沟通（借口类解释）的条件下，顾客的后续信任信念相对更高	支持
	H_{2a}：解释性沟通（借口类解释）通过感知的期望未满足间接影响后续信任。在提供解释的条件下，顾客感知的期望为满足相对更弱，进而顾客的后续信任更高	未支持
	H_{2b}：解释性沟通（借口类解释）通过感知的背叛间接影响后续信任。在提供解释的条件下，顾客感知的背叛相对更弱，进而顾客的后续信任更高	支持
	H_{2c}：解释性沟通（借口类解释）通过失望情绪间接影响后续信任。在提供解释的条件下，顾客的失望情绪相对更弱，进而顾客的后续信任更高	支持
	H_{2d}：解释性沟通（借口类解释）通过愤怒情绪间接影响后续信任。在提供解释的条件下，顾客的愤怒情绪相对更弱，进而顾客的后续信任更高	支持

研究	假设	结果
	H₃：员工努力程度对顾客的后续信任信念有显著的正向影响，在高努力程度下，顾客的后续信任信念比低努力程度条件下更强	支持
	H₄ₐ：员工努力程度通过感知的期望未满足间接影响后续信任。在员工努力程度高的条件下，顾客感知的期望未满足相对更弱，进而顾客的后续信任更高	支持
	H₄ᵦ：员工努力程度通过感知的背叛间接影响后续信任。在员工努力程度高的条件下，顾客感知的背叛相对更弱，进而顾客的后续信任更高	支持
	H₄c：员工努力程度通过失望情绪间接影响后续信任。在员工努力程度高的条件下，顾客的失望情绪相对更弱，进而顾客的后续信任更高	支持
	H₄d：员工努力程度通过愤怒情绪间接影响后续信任。在员工努力程度高的条件下，顾客的愤怒情绪相对更弱，进而顾客的后续信任更高	支持
	H₅：修正性措施的实施结果对顾客的后续信任信念有显著的正向影响。在修正性措施结果实现的条件下，顾客的后续信任信念相对更强	支持
	H₆ₐ：修正性措施的实施结果通过感知的期望未满足间接影响后续信任。在修正性措施结果实现的条件下，顾客感知的期望未满足程度相对更低，进而顾客的后续信任更高	支持
	H₆ᵦ：修正性措施的实施结果通过感知的背叛间接影响后续信任。在修正性措施结果实现的条件下，顾客感知的背叛相对更弱，进而顾客的后续信任更高	支持
	H₆c：修正性措施的实施结果通过失望情绪间接影响后续信任。在修正性措施结果实现的条件下，顾客的失望情绪相对更弱，进而顾客的后续信任更高	支持
	H₆d：修正性措施的实施结果通过愤怒情绪间接影响后续信任。在修正性措施结果实现的条件下，顾客的愤怒情绪相对更弱，进而顾客的后续信任更高	支持

第二节 研究启示

一、研究贡献与管理启示

（一）研究贡献

以往有关服务诚信问题的研究，从行业或企业层面分析了诚信缺失的原因及其影响，研究结果对于政府的宏观调控和行业管理有积极的参考意义。本项研究从顾客与企业互动的角度分析服务不诚信行为的影响，并对不诚信行为引起的顾客认知、情绪和行为反应进行梳理，最终将顾客对服务提供方的可信性评价看作是双方关系延续的决定性要素，将顾客的应对行为看成是因信任信念而引起的关系结果，而将顾客的认知评价和情绪反应看作是不诚信行为对顾客信任的影响机制。在此基础上形成的整体概念模型，可以为微观层面的服务诚信研究提供一些参考。

顾客信任是一个动态变化的过程。现有研究从正面探讨了信任的建立与维持，却较少论及信任违背和信任修复过程。本项研究将服务不诚信行为引起的顾客心理反应看成是信任违背过程，而将不诚信行为发生后服务员工与顾客的互动看成是信任修复的起点，综合分析了顾客信任违背和信任修复过程中的关键变量。从探索性研究结果来看，归因认知确实是信任违背过程中的一个关键变量，但顾客对服务不诚信的归因主要集中于责任归因和普遍性归因。有关信任违背和信任修复的归因模型主要是从原因源、可控性和稳定性三个维度来分析归因的作用（Tomlinson，Mayer，2009），但相关实证研究结果并不显著。这意味着对归因作用的探讨可以从其他维度着手，本项研究中对责任归因和普遍性归因的初步探讨，可以作为一个起点。

现有研究主要用归因理论来解释信任违背过程，本项研究发现，服务不诚信行为引起的顾客信任违背过程，也可以用心理契约违背理论来解释。本项研究将感知的期望未满足、感知的背叛、失望情绪和愤怒情绪看作是顾客心理契约违背的具体表现，检验其对服务不诚信行为严重性与顾客信任的中介影响，研究结果为理解顾客信任违背过程提供了新的思路。列维奇（Roy J Lewicki）和邦克（Barbara B Bunker）在研究中阐述了信任违背发生后"受害者"的认知和情绪反应（Lewicki，Bunker，1996），但之后的实证研究却较少对信任违背的动态过程进行探讨。本项研究对不同认知变量和情绪变量的影响分析，一定程度上为他们的理论研究提供了实证支持。

信任修复措施的作用效果受其内容、实施者、实施情况及评价标准的影响。以往研究主要关注"失信方"的直接应对行为，而本项研究着重分析"失信方"（服务性企业）的代理人（服务员工）在信任修复中的作用。从修复措施的类型来看，以往研究侧重于比较不同口头回应策略，或者不同实质性修复策略的作用效果，但由于研究背景、操纵内容及测量变量不同，不同研究就同一策略的作用效果出现了不一致的结论。本项研究不是直接比较不同的信任修复策略，而是将服务不诚信行为发生后服务员工与顾客之间的互动，看作是一个整体的信任修复过程，综合分析解释性沟通、员工努力程度以及修正性结果的影响。另外，本项研究结合心理契约违背理论，从感知的期望未满足、感知的背叛、失望情绪和愤怒情绪以及信任信念多个方面，分析服务员工即时应对措施的影响，有助于全面认识不同要素的作用效果。

（二）管理启示

本项研究集中分析了服务不诚信行为的影响以及服务员工即时修复措施的作用，相关研究结果也可以为服务性企业的实践以及服务行业的诚信管理提供一些启示。

1. 在企业内部重视服务诚信管理

一些服务性企业只关注被媒体曝光的负面新闻，而对日常服务传递过程中的服务问题不予重视。事实上，服务过程中的不诚信行为，无论事后会不会被曝光，都会对顾客信任造成严重的负面影响。服务不诚信行为的发生不仅让顾客觉得自己的期望未被满足，而且还会让他们感觉自己受到欺骗，并因此感到失望或愤怒，进而破坏顾客对服务性企业及其员工的正面期望，最终表现为回避甚至是对抗行为。与媒体曝光带来的"信任危机"相比，服务不诚信行为虽然在短期内波及范围不大，但在网络口碑传播效率越来越高的现实条件下，失望或愤怒的顾客可能会通过微信、微博等社交平台曝光。这样一来，任何一次服务不诚信经历都有可能演变成企业的一场信任危机。因此，在实际工作中服务性企业不能只关注负面新闻带来的"信任危机"，而对"隐藏"在服务过程中的不诚信行为抱以侥幸心理。

服务性企业内部必须重视诚信建设。首先，要将诚信作为企业文化的一部分，通过成文的行为准则、培训课程、以老带新以及管理人员的以身作则将企业的道德价值观传递给员工。其次，应该将诚信看作是服务质量管理中不可或缺的一部分，通过建立一系列奖惩机制来约束、规范服务"生产"过程中合作伙伴的行为。这不仅涉及企业内部员工的诚信管理，还包括对供应链的服务质量控制和诚信监督。

2. 将承诺管理作为服务性企业诚信管理的重要组成部分

承诺违背是一种最容易被顾客识别的服务不诚信行为。在服务传递过程中，顾客通常会根据实际服务表现来判断服务性企业是否遵守承诺。一旦发现企业不守承诺，顾客对企业的信任感就会受到影响。为了避免违背承诺带来的负面影响，服务性企业应该将承诺管理贯穿到整个服务运营过程中。从企业的服务政策到日常服务沟通，从书面语言到口头表达，从服务传递到服务补救，一定要保证信息内容的真实性，保证前后信息的一致性，保持承诺与行为的一致性。承诺内容本身的真实性和可实现性是承诺人（企业或员工）自己可以控制的，但是在承诺传播过程中如何保持前后一致，以及服务行为与承诺如何保持一致，则受到诸多因素影响。对此，服务性企业可以通过企业文化建设和人力资源管理来强化员工的诚信意识，在正式和非正式沟通中注重对顾客的承诺，在整个服务质量管理过程中打上诚信的印记。

另一方面，隐性承诺也是服务性企业承诺管理的重要内容。隐性承诺是顾客期望形成的基础，也是顾客心理契约的重要来源。企业中与服务有关的各种暗示，例如品牌声誉、服务价格、服务场所环境等，在顾客眼中都可能成为服务性企业对服务质量的隐性承诺。当服务过程中出现与这些暗示性许诺不相符的不诚信行为时，顾客的期望违背反应以及心理契约违背反应就会产生，所以各种"有形证据"也应该被纳入到承诺管理的范围中来。

3. 在企业实践及行业管理中发挥声誉机制的作用

声誉是顾客在信息不对称条件下可以捕捉到的、关于企业可信性的最强信号。顾客相信那些美誉度高的企业不会拿自己的名声来冒险，因而对其服务行为抱有积极的、正面的期望。正因为如此，当与企业声誉不匹配的服务不诚信行为出现时，顾客就会产生信任违背反应。如果服务不诚信行为比较轻微，顾客对高声誉企业的信任信念可能暂且不会动摇，但是当服务不诚信行为比较严重时，顾客对高声誉企业的信任水平就会大幅度下滑。对此，服务性企业应该全面认识声誉带来的优势与风险，在传播品牌声誉的同时防范各种诚信隐患。

其次，从行业管理的层面来看，声誉机制可以作为服务行业诚信管理的一种有效途径。如果企业只向一次性购买者出售质量无法预知的"经验品"，其最优策略就是将质量降到最低而获得最大利润。解决道德风险问题的方法之一，就是汇聚不同人的"重复性"消费经验，以形成声誉评价。声誉机制在激励服务性企业提升服务质量的同时，也增加了企业逆向选择的成本，因而有助于克服道德风险。要充分发挥声誉机制的激励和约束作用，行业管理者首先应该考虑的问题是，将哪些人作为声誉评价者，用什么样的内容或标准来评价声誉，以及如何披露声誉信息的问题。以旅游企业为例，目前各地政府或旅游主管部门组织的"守合同重信用""诚信守法企业""旅游诚信示范单位""用户满意服务明星""最受欢迎旅行社"等系列活动，实际上是将政府部门作为企业声誉的主要评价者。企业信用信息平台尽管也能发挥有效作用，但类似的评选结果只是企业声誉体系中的一部分。行业管理部门可以进一步完善现有信用征集体系，将更多的利益相关者纳入进来，将更多的动态信息吸收进来，构建一个更加全面、动态的企业声誉评价系统。

二、研究局限与未来研究方向

（一）研究局限

本项研究在研究内容和方法上还存在一定局限。首先，信任违背的后果受信任违背事件类型的影响。本项研究中实验设计的服务不诚信行为主要是承诺违背行为，尽管承诺违背行为在服务投诉中所占比例较高，但不同类型的服务不诚信行为所造成的顾客信任违背，其中间过程可能会有所不同。

其次，信任违背的后果以及信任修复措施的作用效果，也受顾客与企业关系特点的影响。在关系发展的不同阶段存在着不同类型的信任（Shapiro，Sheppard，Cheraskin，1992），关系初期的计算型信任可能比关系后期的认同型信任更脆弱，因为它缺乏强有力的情感纽带（Lewicki，Bunker，1996）。也就是说，随着顾客与企业之间关系持续时间变长，顾客对企业的信任类型也会发生变化；在不同类型的信任条件下，服务不诚信行为对顾客信任的影响程度及其作用机制有可能会不同。

本项研究采用情景实验法，研究者可以根据研究目的对相关变量进行操纵，从而提高研究的内部效度，但是正因为设计了特定的实验情景，加之被试样本难以完备，所以实验研究的外部效度相对较低。本项研究在实验情景设计时只考虑了承诺违背这一种服务不诚信行为，因而研究结论的推广性受到局限。

（二）未来研究方向

根据探索性研究结果，归因认知、公平判断和心理契约违背是顾客信任违背过程中的三条主线。本项研究集中探讨了心理契约违背的认知要素和情绪要素的中介作用，而未对责任归因和感知的服务公平性进行测量，未来研究可以通过结构方程模型分析综合考虑上述变量的中介影响。

服务不诚信行为引起的顾客心理反应，既是一个顾客信任违背过程，也是一个顾客心理契约违背过程。心理契约原本是组织行为领域的一个概念，但近年来逐渐有学者将这一概念运用到营销领域。顾客心理契约违背的具体内容可能会影响服务不诚信行为带来的后果，今后的研究可以从交易性心理契约和关系性心理契约的角度，进一步探讨心理契约违背在信任违背中的作用。

本项研究在访谈研究中发现，顾客对服务不诚信行为的归因认知，主要集中于责任归因和普遍性归因。责任归因是一个多维的概念，包括责任归属、意图、预见性、道德性等多个维度。未来研究可以进一步分析服务不诚信行为对责任归因不同维度的影响。另一方面，普遍性归因会影响个人对未来行为的预测。在国内消费者对某些服务诚信问题"司空见惯"的大背景下，普遍性归因认知是否会缓解顾客的负面反应？未来研究可以检验责任归因和普遍性归因在信任违背中的作用。

另外，信任违背和信任修复会受情境因素影响。对于不同类型的服务不诚信行为，顾客的认知评价和情绪反应会存在差异；在不同关系背景下，顾客对企业服务不诚信行为的容忍度也会有所区别。未来研究可以考虑服务不诚信行为的类型、顾客信任的建立机制等情境因素，以及对信任违背和信任修复的调节作用。

参 考 文 献

1. Ali H, Birley S. The role of trust in the marketing activities of entrepreneurs establishing new ventures[J]. Journal of Marketing Management, 1998, 14(7): 749-763.

2. Aquino K, Tripp T M, Bies R J. How employees respond to personal offense: The effects of blame attribution, victim status, and offender status on revenge and reconciliation in the workplace[J]. Journal of Applied Psychology, 2001, 86(1): 52-59.

3. Audi R, Murphy P E. The many faces of integrity[J]. Business Ethics Quarterly. 2006, 16(1): 3-21.

4. Bies R J. The predicament of injustice: The management of moral outrage[M]//L L Cummings, B M Staw (Eds.), Research in organizational behavior, Vol. 9. Greenwich, CT: JAI Press, 1987: 289-319.

5. Bless H, Fiedler K. Mood and the regulation of information processing and behavior[M]//J P Forgas (Ed.), Affect in social thinking and behavior. New York, NY: Psychology Press, 2006: 65-84.

6. Bodenhausen G V. Emotions arousal and stereotypic judgments: A heuristic model of affect and stereotyping[M]//D M Mackie, D L Hamilton (Eds.), Affect cognition and stereotyping: Interactive processes in group perception. San Diego, CA, USA: Academic Press, 1993: 13-37.

7. Bodenhausen G V, Kramer G P, Süsser K. Happiness and stereotypic thinking in social judgment[J]. Journal of Personality and Social Psychology, 1994, 66(4): 621-632.

8. Bodenhausen G V, Sheppard L A, Kramer G P. Negative affect and social judgment: The differential impact of anger and sadness[J]. European Journal of Social Psychology, 1994, 24(1): 45-62.

9. Bögershausen J. Getting off with a slap on the wrist? How customers' psychological violations influence whether the door remains ajar for reconciliation after a double deviation[J]. Master Thesis of Maastricht University, 2011.

10. Bottom W P, Gibson K, Daniels S, et al. When talk is not cheap: Substantive penance and expressions of intent in rebuilding cooperation[J]. Organization Science, 2002, 13: 497-513.

11. Bradley G L, Sparks B A. Dealing with service failures: The use of explanations[J].

Journal of Travel & Tourism Marketing, 2009, 26(2): 129-143.

12. Bradley G L, Sparks B A. Explanations: If, when, and how they aid service recovery[J]. Journal of Services Marketing, 2012, 26(1): 41-51.

13. Brown M T. Corporate integrity and public interest: A relational approach to business ethics and leadership[J]. Journal of business ethics, 2006, 66(1): 11-18.

14. Brown R P, Phillips A. Letting bygones be bygones: further evidence for the validity of the Tendency to Forgive scale[J]. Personality & Individual Differences, 2005, 38(3): 627-638.

15. Brown S P. The moderating effects of insupplier/outsupplier status on organizational buyer attitudes[J]. Journal of the Academy of Marketing Science, 1995, 23(3): 170-181.

16. Burgoon J K, Le Poire B. Effects of communication expectancies, actual communication, and expectancy disconfirmation on evaluations of communicators and their communication behavior[J]. Human communication research, 1993, 20(1): 67-96.

17. Camara W J, Schneider D L. Integrity tests: Facts and unresolved issues[J]. American Psychologist, 1994, 49(2): 112.

18. Chaudhuri A, Holbrook M B. The chain of effects from brand trust and brand affect to brand performance: The role of brand loyalty[J]. Journal of Marketing, 2001, 65(2): 81-93.

19. Chun J S, Shin Y, Choi J N, et al. How does corporate ethics contribute to firm financial performance? The mediating role of collective organizational commitment and organizational citizenship behavior[J]. Journal of Management, 2013, 39(4): 853-877.

20. Chung E, Beverland M B. An exploration of consumer forgiveness following marketer transgressions[J]. Advances in Consumer Research, 2006, 33: 98-99.

21. Colquitt J A, Scott B A, LePine J A. Trust, trustworthiness, and trust propensity: A meta-analytic test of their unique relationships with risk taking and job performance[J]. Journal of applied psychology, 2007, 92(4): 909.

22. Dasgupta P. Trust as a commodity[M]//Gambetta D (Ed.), Trust: Making and Breaking Cooperative Relations. Oxford: Blackwell, 1988.

23. Desmet P T M, De Cremer D, Van Dijk E. Trust recovery following voluntary or forced financial compensations in the trust game: The role of trait forgiveness[J]. Personality and Individual Differences, 2011a, 51(3): 267-273.

24. Desmet P T M, De Cremer D, Van Dijk E. In money we trust? The use of financial compensations to repair trust in the aftermath of distributive harm[J]. Organizational Behavior and Human Decision Processes. 2011b, 114: 75-86.

25. Dirks K T, Lewicki R J, Zaheer A. Reparing relationships within and between organizations: Building a conceptual foundation[J]. Academy of Management Review, 2009, 34(1): 68-84.

26. Dirks K T, Kim P H, Cooper C D, et al. Understanding the effects of substantive responses on trust following a transgression[C]//The annual meeting of the Academy of Management, Honolulu, 2005.

27. Doney P M, Cannon J P. An examination of the nature of trust in buyer-seller relationships[J]. Journal of Marketing, 1997, 61(April): 35-51.

28. Dunn J R, Schweitzer M E. Feeling and believing: The influence of emotion on trust[J]. Journal of Personality and Social Psychology, 2005, 88(5): 736-748.

29. Dyne L V, Ang S, Botero I C. Conceptualizing employee silence and employee voice as multidimensional constructs[J]. Journal of Management Studies, 2003, 40(6): 1359-1392.

30. Edwards J R, Lambert L S. Methods for integrating moderation and mediation: A general analytical framework using moderated path analysis[J]. Psychological methods, 2007, 12(1): 1-22.

31. Elangovan A R, Auer-Rizzi W, Szabo E. Why don't I trust you now? An attributional approach to erosion of trust[J]. Journal of Managerial Psychology, 2007, 22: 4-24.

32. Ellsworth P C, Smith C A. From appraisal to emotion: Differences among unpleasant feelings[J]. Motivation & Emotion, 1988, 12(3): 271-302.

33. Elsetouhi A M, Hammad A A, Nagm A E A, et al. Perceived leader behavioral integrity and employee voice in SMEs travel agents: The mediating role of empowering leader behaviors[J]. Tourism Management, 2018, 65: 100-115.

34. Enright and the Human Development Study Group. The moral development of forgiveness[M]//W Kurtines, J Gewirtz (Eds.), Handbook of moral behavior and development, Vol. 1. Hillsdale NJ: Erlbaum, 1991: 123-152.

35. Fehr R, Gelfand M J. When apologies work: How matching apology components to victims' self-construals facilitates forgiveness[J]. Organizational Behavior & Human Decision Processes, 2010, 113(1): 37-50.

36. Ferrin D L, Kim P H, Cooper C D, et al. Silence speaks volumes: The effectiveness of reticence in comparison to apology and denial for responding to integrity and

competence-based trust violations[J]. Journal of Applied Psychology, 2007, 92(4): 893-908.

37. Fiedler K. Affective influences on social information processing[M]//Mahwah NJ, Handbook of affect and social cognition. US: Lawrence Erlbaum Associates Publishers, 2001: 163-185.

38. Folger R, Cropanzano R. Fairness theory: Justice as accountability[M]//J Greenberg, R Cropanzano (Eds.), Advances in organizational justice. Palo Alto, CA: Stanford Press, 2001: 1-55.

39. Fombrun C J, Gardberg N A, Sever J M. The reputation quotient: A multi-stakeholder measure of corporate reputation[J]. Journal of Brand Management, 2000, 7(4): 241-255.

40. Fombrun C J, Van Riel C B M. The reputational landscape[J]. Corporate Reputation Review, 1997, 4(4): 5-13.

41. Forgas J P, Moylan S. After the movies transient mood and social judgments[J]. Personality & Social Psychology Bulletin, 1987, 13(4): 467-477.

42. Fukuyama F. Trust: The social virtues and the creation of prosperity [M]. New York: Free Press, 1995.

43. Gelbrich K. Anger, frustration, and helplessness after service failure: Coping strategies and effective informational support[J]. Journal of the Academy of Marketing Science, 2010, 38(5): 567-585.

44. Gilbert D T. How mental systems believe[J]. American Psychologist, 1991, 46: 107-119.

45. Gillespie N, Dietz G. Trust repair after an organization level failure[J]. Academy of Management Review, 2009, 34(1): 127-145.

46. Gold G J, Weiner B. Remorse, confession, group identity, and expectancies about repeating a transgression[J]. Basic and Applied Social Psychology, 2000, 22: 291-300.

47. Grégoire Y, Fisher R J. Customer betrayal and retaliation: When your best customers become your worst enemies[J]. Journal of the Academy of Marketing Science, 2008, 36(2): 247-261.

48. Habermas, Jürgen. The inclusion of the other: Studies in political theory[M]. Cambridge: MIT Press, 1998.

49. Hareli S. Accounting for one's behavior—What really determines its effectiveness? Its type or its content?[J]. Journal for the theory of social behavior, 2005, 35(4): 359-372.

50. Hart C W, Schlesinger L A, Maher D. Guarantees come to professional service

firms[J]. Sloan Management Review, 1992, 33(3): 19.

51. Hawes J M, Mast K E, Swan J E. Trust earning perceptions of sellers and buyers[J]. The Journal of Personal Selling and Sales Management. 1989, 9(1): 1-8.

52. Hess Jr R L. The impact of firm reputation and failure severity on customers' responses to service failures[J]. Journal of Services Marketing, 2008, 22(5): 385-398.

53. Hoffman K D, Bateson J E G. Essentials of Services Marketing[M]. Fort Worth, TX: Dryden. 1997.

54. Hosmer L T. Trust: The connecting link between organizational theory and philosophical ethics[J]. The Academy of Management Review, 1995, 20(2): 379-403.

55. Huntsinger J R, Sinclair S, Dunn E, et al. Affective regulation of stereotype activation: It's the (accessible) thought that counts[J]. Personality & Social Psychology Bulletin, 2010, 36(4): 564.

56. Janowicz-Panjaitan M, Krishnan R. Measures for dealing with competence and integrity violations of inter-organizational trust at the corporate and operating levels of organizational hierarchy[J]. Journal of Management Studies. 2009, 46(2): 245-268.

57. Johnson D, Grayson K. Cognitive and affective trust in service relationships[J]. Journal of Business research, 2005, 58(4): 500-507.

58. Jones T, Dacin P A, Taylor S F. Relational damage and relationship Repair a new look at transgressions in service relationships[J]. Journal of Service Research, 2011, 14(3): 318-339.

59. Kam T K. Implicit theories and the trust repair process[C]. 22nd Annual IACM Conference Paper, 2009. Available at SSRN: https://ssrn.com/abstract=1484901.

60. Kaptein M. The Diamond of Managerial Integrity[J]. European Management Journal, 2003, 21(1): 99-108.

61. Kayes D C, Stirling D, Nielsen T M. Building organizational integrity[J]. Business Horizons, 2007, 50(1): 61-70.

62. Keh H T, Xie Y. Corporate reputation and customer behavioral intentions: The roles of trust, identification and commitment[J]. Industrial Marketing Management, 2009, 38(7): 732-742.

63. Kelman H C. Conflict resolution and reconciliation: A social-psychological perspective on ending violent conflict between identity groups[J]. Landscapes of Violence, 2010, 1(1): 1-9.

64. Kickul J, Lester S W, Finkl J. Promise breaking during radical organizational change: Do justice interventions make a difference?[J]. Journal of organizational behavior,

2002, 23(4): 469-488.

65. Kim P H, Dirks K T, Cooper C D, et al. When more blame is better than less: The implications of internal vs. external attributions for the repair of trust after a competence- vs. integrity-based trust violation[J]. Organizational Behavior and Human Decision Processes, 2006, 99: 49-65.

66. Kim P H, Dirks K T, Cooper C D. The repair of trust: A dynamic bilateral perspective and multilevel conceptualization[J]. Academy of Management Review, 2009, 34(3): 401-422.

67. Kim P H, Ferrin D L, Cooper C D, et al. Removing the shadow of suspicion: The effects of apology vs. denial for repairing ability vs. integrity-based trust violations[J]. Journal of Applied Psychology, 2004, 89(1): 104-118.

68. Koufaris M, Hampton-Sosa W. The development of initial trust in an online company by new customers[J]. Information & Management, 2004, 41(3): 377-397.

69. Kramer R M. Trust and distrust in organizations: Emerging perspectives, enduring questions[J]. Annual Review of Psychology, 1999, 50: 569-598.

70. Lazarus R S, Folkman S. Stress, appraisal and the coping process[M]. New York: Springer, 1984.

71. Lee F, Peterson C, Tiedens L Z. Mea culpa: Predicting stock prices from organizational attributions[J]. Personality and Social Psychology Bulletin, 2004, 30: 1636-1649.

72. Lerner J S, Keltner D. Beyond valence: Toward a model of emotion-specific influences on judgement and choice[J]. Cognition & Emotion, 2000, 14(4): 473-493.

73. Lerner J S, Keltner D. Fear, anger, and risk[J]. Journal of Personality & Social Psychology, 2001, 81(1): 146.

74. Lewicki R J, Bunker B B. Developing and maintaining trust in work relationships[M]//R Kramer, T R Tyler (Eds.), Trust in organizations: Frontiers of theory and research. Thousand Oaks, CA: Sage, 1996: 114-139.

75. Lewicki, Roy J, Tomlinson E C. "Trust and Trust Building." Beyond Intractability[M]// Guy Burgess and Heidi Burgess. Conflict Information Consortium, University of Colorado, Boulder. Posted: December 2003.

76. Lewis J D, Weigert A. Trust as a social reality[J]. Social Forces, 1985, 63: 967–985.

77. Locke E A, Shaw K N, Saari L M, et al. Goal setting and task performance: 1969–1980[J]. Psychological bulletin, 1981, 90(1): 125-152.

78. Lount Jr R B, Zhong C B, Sivanathan N, et al. Getting off on the wrong foot: The

timing of a breach and the restoration of trust[J]. Personality and Social Psychology Bulletin, 2008, 34(12): 1601-1612.

79. Luce M F. Choosing to avoid: Coping with negatively emotion-laden consumer decisions[J]. Journal of Consumer Research, 1998, 24(4): 409-433.

80. Luhmann N. Trust and Power [M]. New York: John Wiley, 1979.

81. Maak T. Undivided corporate responsibility: Towards a theory of corporate integrity[J]. Journal of business ethics, 2008, 82(2): 353-368.

82. MacKinnon D P, Lockwood C M, Williams J. Confidence limits for the indirect effect: Distribution of the product and resampling methods[J]. Multivariate Behavioral Research, 2004, 39(1): 99-128.

83. Martin G S, Keating M A, Resick C J, et al. The meaning of leader integrity: A comparative study across Anglo, Asian, and Germanic cultures[J]. Leadership Quarterly, 2013, 24(3): 445-461.

84. Mayer R C, Davis J H, Schoorman F D. An integrative model of organizational trust[J]. Academy of Management Review, 1995, 20(3): 709-734.

85. McColl-Kennedy J R, Sparks B A. Application of fairness theory to service failures and service recovery[J]. Journal of Service Research, 2003, 5(3): 251-266.

86. McCullough M E, Rachal K C, Sandage S J, et al. Interpersonal forgiving in close relationships: II. Theoretical elaboration and measurement[J]. Journal of Personality & Social Psychology, 1998, 75(6): 1586-603.

87. McKnight D H, Cummings L L, Chervany N L. Initial trust formation in new organizational relationships[J]. Academy of Management Review, 1998, 23(3): 473-490.

88. Michaelis M, Woisetschläger D M, Backhaus C, et al. The effects of country of origin and corporate reputation on initial trust: An experimental evaluation of the perception of Polish consumers[J]. International Marketing Review, 2008, 25(4): 404-422.

89. Mohr L A, Bitner M J. The role of employee effort in satisfaction with service transactions[J]. Journal of Business Research, 1995, 32(3): 239-252.

90. Moorman C, Deshpandé R, Zaltman G. Factors affecting trust in market research relationships[J]. Journal of Marketing, 1993, 57(1): 81-101.

91. Morgan R M, Hunt S D. The commitment-trust theory of relationship marketing[J]. Journal of Marketing, 1994, 58(3): 20-38.

92. Morrison E W, Robinson S L. When employees feel betrayed: A model of how psychological contract violation develops[J]. The Academy of Management Review,

1997, 22(1): 226-256.

93. Myers C D, Tingley D. The influence of emotion on trust[J]. Political Analysis, 2011, 24(4): 492-500.

94. Nakayachi K, Watabe M. Restoring trustworthiness after adverse events: The signaling effects of voluntary "hostage posting" on trust[J]. Organizational Behavior and Human Decision Processes, 2005, 97: 1-17.

95. Otto P E, Chater N, Stott H. How people perceive companies: Personality dimensions as fundamentals? [C]. Proceedings of the 28th Annual Conference of the Cognitive Science Society, 2006.

96. Palanski M E, Yammarino F J. Impact of behavioral integrity on follower job performance: A three-study examination[J]. Leadership Quarterly, 2011, 22(4): 0-786.

97. Palanski M E, Yammarino F J. Integrity and leadership: Clearing the conceptual confusion[J]. European Management Journal, 2007, 25(3): 171-184.

98. Petty R E, Wegener D T, Fabrigar L R. Attitudes and attitude change[J]. Annual Review of Psychology, 1997, 48(1): 609-647.

99. Raiborn C A, Payne D. Corporate codes of conduct: A collective conscience and continuum[J]. Journal of Business Ethics, 1990, 9(11): 879-889.

100. Reb J, Goldman B M, Kray L J, et al. Different wrongs, different remedies? Reactions to organizational remedies after procedural and interactional injustice[J]. Personnel Psychology, 2006, 59(1): 31-64.

101. Reeder G D, Brewer M B. A schematic model of dispositional attribution in interpersonal perception[J]. Psychological Review, 1979, 86: 61-79.

102. Ren H, Gray B. Repairing relationship conflict: How violation types and culture influence the effectiveness of restoration rituals[J]. Academy of Management Review, 2009, 34(1): 105-126.

103. Rhee M, Haunschild P R. The liability of good reputation: A study of product recalls in the US automobile industry[J]. Organization Science, 2006, 17(1): 101-117.

104. Robinson S L. Trust and breach of the psychological contract[J]. Administrative Science Quarterly, 1996, 41(4): 574-599.

105. Roseman I J. Appraisal determinants of emotions: Constructing a more accurate and comprehensive theory[J]. Cognition & Emotion, 1996, 10(3): 241-278.

106. Rotter J B. A new scale for the measurement of inter-personal trust[J].Journal of Personality, 1967, 35, 651-665.

107. Rousseau D M, Sitkin S B, Burt R S, et al. Not so different after all: A cross-discipline

view of trust[J]. Academy of Management Review, 1998, 23 (3): 393-404.

108. Rousseau D M. New hire perceptions of their own and their employer's obligations: A study of psychological contracts[J]. Journal of Organizational Behavior, 1990, 11(5): 389-400.

109. Rousseau D M. Psychological and implied contracts in organizations[J]. Employee Responsibilities and Rights Journal, 1989, 2(2): 121-139.

110. Sackett P R, Burris L R, Callahan C. Integrity testing for personnel selection: An update[J]. Personnel Psychology, 1989, 42(3): 491-529.

111. Schlenker B R. Impression management: The self-concept, social identity, and interpersonal relations[M]. Monterey, CA: Brooks/Cole Publishing Company, 1980.

112. Schoorman F D, Mayer R C, Davis J H. An integrative model of organizational trust: Past, present, and future[J]. Academy of Management Review, 2007, 32(2): 344-354.

113. Schwarz N, Clore G L. Mood, misattribution, and judgments of well-being: Informative and directive functions of affective states[J]. Journal of Personality and Social Psychology, 1983, 45(3): 513-523.

114. Schwarz N, Clore G L. How do I feel about it? The informative function of affective states[M]//J Forgas (ed.), Affect, Cognition and Social Behavior. Toronto: Hogrefe, 1988: 44-62.

115. Schweitzer M E, Hershey J C, Bradlow E T. Promises and lies: Restoring violated trust[J]. Organizational Behavior and Human Decision Processes, 2006, 101: 1-19.

116. Shapiro D L, Sheppard B H, Cheraskin L. Business on a handshake[J]. Negotiation Journal, 1992, 8(4): 365-377.

117. Shaw J C, Wild E, Colquitt J A. To justify or excuse? A meta-analytic review of the effects of explanations[J]. Journal of Applied Psychology, 2003, 88(3): 444-458.

118. Shnabel N, Nadler A. A needs-based model of reconciliation: Satisfying the differential emotional needs of victim and perpetrator as a key to promoting reconciliation[J]. Journal of Personality & Social Psychology, 2008, 94(1): 116-32.

119. Singh J. Voice, exit, and negative word-of-mouth behaviors: An investigation across three service categories[J]. Journal of the Academy of Marketing Science, 1990, 18(1): 1-15.

120. Sitkin S B, Bies R J. Social accounts in conflict situations: Using explanations to manage conflict[J]. Human Relations, 1993, 46(3): 349-370.

121. Slaughter J E, Zickar M J, Highhouse S, et al. Personality trait inferences about organizations: Development of a measure and assessment of construct validity[J].

Journal of Applied Psychology, 2004, 89(1): 85.

122. Smith A K, Bolton R N, Wagner J. A model of customer satisfaction with service encounters involving failure and recovery[J]. Journal of Marketing Research, 1999: 356-372.

123. Smith C A, Ellsworth P C. Patterns of cognitive appraisal in emotion[J]. Journal of Personality and Social Psychology, 1985, 48(4): 813-838.

124. Stepchenkova S, Kirilenko A P, Morrison A M. Facilitating content analysis in tourism research[J]. Journal of Travel Research, 2009, 47(4): 454-469.

125. Szymanski D M, Henard D H. Customer satisfaction: A meta-analysis of the empirical evidence[J]. Journal of the academy of marketing science, 2001, 29(1): 16-35.

126. Tedeschi J T, Reiss M. Verbal strategies in impression management[M]//C Antaki (Ed.), The psychology of ordinary explanations of social behavior. London: Academic Press, 1981: 271-309.

127. Tomlinson E C. Cheap talk, valuable results? A causal attribution model of the impact of promises and apologies on short-term trust recovery [D]. Unpublished Dissertation of the Ohio State University, 2004.

128. Tomlinson E C, Dineen B R, Lewicki R J. The road to reconciliation: Antecedents of victim willingness to reconcile following a broken promise[J]. Journal of Management, 2004, 30(2): 165-187.

129. Tomlinson E C, Lewicki R J, Dineen B R. Dealing with damaged trust: How to rebuild trust and temper distrust[C]//The annual meeting of the Academy of Management, Denver, 2002.

130. Tomlinson E C, Mayer R C. The role of causal attribution dimensions in trust repair[J]. Academy of Management Review, 2009, 34(1): 85-104.

131. Tomprou M, Rousseau D M, Hansen S D. The psychological contracts of violation victims: A post-violation model[J]. Journal of Organizational Behavior, 2015, 36(4): 561-581.

132. Turnley W H, Feldman D C. Re-examining the effects of psychological contract violations: Unmet expectations and job dissatisfaction as mediators[J]. Journal of Organizational Behavior, 2000, 21(1): 25-42.

133. Van Dijk W W, Zeelenberg M. What do we talk about when we talk about disappointment? Distinguishing outcome-related disappointment from person-related disappointment[J]. Cognition & Emotion, 2002, 16(6): 787-807.

134. Verhezen P. The (ir)relevance of integrity in organizations[J]. Public Integrity, 2008,

10(2): 133-149.

135. Veríssimo J M C, Lacerda T M C. Does integrity matter for CSR practice in organizations? The mediating role of transformational leadership[J]. Business Ethics a European Review, 2015, 24(1): 34-51.

136. Wang C, Mattila A S, Bartlett A. An examination of explanation typology on perceived informational fairness in the context of air travel[J]. Journal of Travel & Tourism Marketing, 2009, 26(8): 795-805.

137. Wang Y, Lo H P, Hui Y V. The antecedents of service quality and product quality and their influence on bank reputation: Evidence from the banking industry in China[J]. Managing Service Quality, 2003, 13(1): 72-83.

138. Weiner B, Amirkhan J, Folkes V S, et al. An attributional analysis of excuse giving: Studies of a naive theory of emotion[J]. Journal of Personality and Social Psychology, 1987, 52(2): 316-324.

139. Weiner B. Reflections and reviews: Attributional thoughts about consumer behavior[J]. Journal of Consumer Research, 2000, 27(December): 382-387

140. Wetzer I M, Zeelenberg M, Pieters R. "Never eat in that restaurant, I did!": Exploring why people engage in negative word-of-mouth communication[J]. Psychology & Marketing, 2007, 24(8): 661-680.

141. White S S, Schneider B. Climbing the commitment ladder: The role of expectations disconfirmation on customers' behavioral intentions[J]. Journal of Service Research, 2000, 2(3): 240-253.

142. Wirtz J, Mattila S A. Consumer responses to compensation, speed of recovery and apology after a service failure[J]. International Journal of Service Industry Management, 2004, 15(2): 150-166.

143. Wu Jyh-Jeng, Chien Shu-Hua, Chen Ying-Hueih, et al. The role of positive emotion in trust repair[C]//The International Conference on Financial Management and Economics, Singapore, 2011.

144. Xie Y, Peng S. How to repair customer trust after negative publicity: The role of competence, integrity, benevolence, and forgiveness[J]. Psychology and Marketing, 2009, 26(7): 572-589.

145. Yi S, Baumgartner H. Coping with negative emotions in purchase-related situations[J]. Journal of Consumer Psychology, 2004, 14(3): 303-317.

146. Yoon E, Guffey H J, Kijewski V. The effects of information and company reputation on intentions to buy a business service[J]. Journal of Business Research, 1993, 27(3):

215-228.

147. 常亚平, 肖万福, 阎俊, 等. C2C 环境下服务质量对阶段信任的影响研究[J]. 管理学报, 2014, 11(8): 1215-1223.

148. 陈劲. 中国人诚信心理结构及其特征[D]. 西南大学博士学位论文, 2007.

149. 陈丽君, 王重鸣. 中西方关于诚信的诠释及应用的异同与启示[J]. 哲学研究, 2002, 8: 35-40.

150. 陈向明. 质的研究方法与社会科学研究 [M]. 北京：教育科学出版社，2010.

151. 陈延斌, 王体. 中西诚信观的比较及其启迪[J]. 道德与文明, 2003, 6: 33-37.

152. 崔子龙, 李玉银, 张开心. 诚信领导对下属主动行为影响机理研究[J]. 华东经济管理, 2015(8): 137-143.

153. 邓健, 任文举. 诚信旅游企业测评体系研究[J]. 中国市场, 2009, 1: 122-123.

154. 丁志强. 企业诚信与品牌忠诚的关系研究——以乳品企业为例[D]. 苏州大学硕士论文, 2006.

155. 范晓屏, 吴中伦. 诚信, 信任, 信用的概念及关系辨析[J]. 技术经济与管理研究, 2005, 1: 98-99.

156. 方杰, 张敏强, 李晓鹏. 中介效应的三类区间估计方法[J]. 心理科学进展, 2011, 19(5): 765-774.

157. 方正, 江明华, 杨洋, 等. 产品伤害危机应对策略对品牌资产的影响研究——企业声誉与危机类型的调节作用[J]. 管理世界, 2010 (12): 105-118.

158. 冯炜. 消费者网络购物信任影响因素的实证研究[D]. 浙江大学博士论文, 2010.

159. 付晓蓉, 谢庆红, 周南, 等. 员工"私有"信任向企业"公有"信任的转移研究[J]. 管理科学, 2015, 28(3): 90-101.

160. 付晓蓉, 谢庆红. 顾客信任谁? ——顾客信任的双归属维度分析[J]. 管理世界, 2010, 3: 182-183.

161. 关新华, 谢礼珊, 皮平凡. 负面报道对旅游目的地的影响及信任修复研究[J]. 经济管理, 2017, 8: 148-160.

162. 韩平, 宁吉, 董志成. 电商服务失误的信任修复策略研究[J]. 西安交通大学学报(社会科学版), 2016, 36(2): 24-31.

163. 韩平, 宁吉. 基于两种信任违背类型的信任修复策略研究[J]. 管理学报, 2013, 10(3): 390-396.

164. 洪波. 论诚信的地位变迁——传统伦理文化的当代转型[J]. 江海学刊, 2003, 3: 41-45.

165. 胡宝荣. 国外信任研究范式: 一个理论述评[J]. 学术论坛, 2013, 36(12): 129-136.

166. 黄明理. 在超越传统中构筑现代诚信理念[J]. 南京大学学报(哲学·人文科学·社会

科学), 2003, 40(3): 9-12.

167. 姜付秀, 石贝贝, 李行天. "诚信"的企业诚信吗?——基于盈余管理的经验证据[J]. 会计研究, 2015(8): 24-31.

168. 焦国成. 关于诚信的伦理学思考[J]. 中国人民大学学报, 2002, 16(5): 2-7.

169. 金静, 胡金生. 消极情绪对优势认知加工的抑制[J]. 心理科学进展, 2015, 23(1): 61-1.

170. 金杨华, 谢江佩, 朱玥, 等. 高层伦理型领导作用机制研究: 组织诚信视角[J]. 应用心理学, 2016, 22(4): 313-324.

171. 金玉芳, 董大海, 刘瑞明. 消费者品牌信任机制建立及影响因素的实证研究[J]. 南开管理评论, 2006, 9(5): 28-25.

172. 金玉芳. 消费者品牌信任研究[D]. 大连理工大学博士论文, 2005.

173. 李森, 刘媛华. 企业诚信对消费者行为的影响——基于突变理论模型的实证研究[J]. 消费经济, 2012(3): 53-56.

174. 李世娟. 企业人员诚信人格结构及影响因素研究[D]. 苏州大学硕士论文, 2010.

175. 刘建新. 顾客信任的形成机理及其营销管理研究[J]. 经济问题探索, 2006, 2: 122-127.

176. 刘星, 高嘉勇. 国外最新组织信任修复模型评介[J]. 外国经济与管理, 2010,32(4): 25-30.

177. 马洁, 郑全全. 由三个宽恕模型看宽恕研究新进展[J]. 心理科学进展, 2010, 18(5): 734-740.

178. 唐庄菊, 汪纯孝, 岑成德. 专业服务消费者信任感的实证研究[J]. 商业研究, 1999(10): 49-51.

179. 田晶. 旅行社诚信对游客感知价值、满意度及行为意向的影响研究——以苏州地区为例[D]. 苏州大学硕士论文, 2006.

180. 王翠菲. 诚信建设对保险企业发展的综合影响力研究——基于中国人寿销售队伍调查数据的分析[J]. 保险研究, 2014(6): 18-30.

181. 王辉, 忻蓉, 徐淑英. 中国企业 CEO 的领导行为及对企业经营业绩的影响[J]. 管理世界, 2006, 4: 87-96.

182. 王劲, 白义香. 论中国传统诚信道德的特点及其发展[J]. 合肥联合大学学报, 2001,11(2): 24-28.

183. 王丽华, 张宏胜. 旅行社诚信体系构建研究[J]. 中国软科学, 2004, 4: 158-160.

184. 王绮, 彭遥, 陆绍凯. 巧打情感牌还是直接给甜头?本土研发联盟中的信任修复策略研究[J]. 中国人力资源开发, 2018, 35(1): 60-70.

185. 王小燕. 隐私协议、隐私印章对网络银行顾客信任及使用意向影响研究[J]. 预测,

2012, 31(1): 14-19.

186. 王瑜, 陈健平. 旅行社经营诚信体系重构对策研究[J]. 江西科技师范学院学报, 2008, 1: 54-59.

187. 邬友倩. 内容分析的方法论视角新探[D]. 华东师范大学, 2007.

188. 吴继霞, 黄希庭. 诚信结构初探[J]. 心理学报, 2012, 44(3): 354-368.

189. 吴清津. 解读服务诚信[J]. 商业经济与管理, 2002, 8: 41-43.

190. 向英. 旅行社诚信缺失的缘由及治理方略[J]. 商业经济, 2006, 7: 105-107.

191. 肖荣智. 企业诚信与诚信企业[J]. 产业与科技论坛, 2009, 8(6): 228-229.

192. 谢凤华, 宝贡敏. 企业诚信与竞争优势的关系研究——基于苏州等六地 188 家企业的实证调查[J]. 南开管理评论, 2005, 8(4): 36-38.

193. 熊焰, 钱婷婷. 产品伤害危机后消费者信任修复策略研究[J]. 经济管理, 2012, 8: 114-120.

194. 严霞. 愤怒和恐惧情景对风险决策的影响研究[D]. 西南大学硕士论文, 2008.

195. 严瑜, 吴霞. 从信任违背到信任修复：道德情绪的作用机制[J]. 心理科学进展, 2016, 4: 633-642.

196. 杨柳, 吴海铮. 积极情绪影响网络购物消费者信任修复的线索效应研究[J]. 当代财经, 2016, 6: 65-75.

197. 姚水洪, 陈真真. 手机银行服务质量对持续信任的影响研究[J]. 经济与管理, 2013, 11: 78-82.

198. 姚延波, 侯平平. 游客视角的旅游企业诚信评价体系研究[J]. 旅游学刊, 2017(12): 83-91.

199. 姚延波, 焦彦, 胡宇橙, 等. 我国旅游企业诚信评价指标体系的构建[J]. 天津师范大学学报（社会科学版）, 2013, 6: 30-34.

200. 姚延波, 张丹, 何蕾. 旅游企业诚信概念及其结构维度——基于扎根理论的探索性研究[J]. 南开管理评论, 2014, 17(1): 113-122.

201. 余芳. 厦门地区旅行社诚信度现状及其与游客价值知觉、满意度之间关系的研究[D]. 湖南师范大学硕士论文, 2011.

202. 袁博, 董悦, 李伟强. 道歉在信任修复中的作用: 来自元分析的证据[J]. 心理科学进展, 2017, 25(7): 1103-1113.

203. 袁博, 孙向超, 游冉, 等. 情绪对信任的影响: 来自元分析的证据[J]. 心理与行为研究, 2018, 5: 632-643.

204. 翟胜宝, 李行天, 徐亚琴. 企业文化与商业信用: "诚信"起作用吗[J]. 当代财经, 2015(6): 118-128.

205. 翟学伟. 诚信、信任与信用：概念的澄清与历史的演进[J]. 江海学刊, 2011,

5: 107-114.

206. 张付芝, 白忠, 曾燕. 论旅游诚信体系的建立与完善[J]. 桂林旅游高等专科学校学报, 2006, 17(2): 157-159.

207. 张文静, 张宏梅. 旅游市场不诚信行为研究: 以安徽省旅行社为例[J]. 旅游学刊, 2013, 28(5): 99-108.

208. 张正林, 庄贵军. 基于时间继起的消费者信任修复研究[J]. 管理科学, 2010, 123(2): 52-59.

209. 赵鑫, 马钦海, 郝金锦. 顾客心理契约违背与信任和满意关系的再思考[J]. 营销科学学报, 2011, 7(2): 81-91.

210. 赵学锋, 陈传红, 申义贤. 网站制度对消费者信任影响的实证研究[J]. 管理学报, 2012, 9(5): 715-722.

211. 赵燕妮, 张淑萍. 基于归因视角的消费者信任修复策略[J]. 统计与决策, 2018, 34(13).

212. 赵子真, 吴继霞, 吕倩倩, 等. 诚信人格特质初探[J]. 心理科学, 2009, 3: 626-629.

213. 郑向敏, 吴纪滨. 论旅游企业经营诚信的缺失与重建[J]. 桂林旅游高等专科学校学报, 2004, 15(2): 21-25.

214. 郑也夫. 信任论[M]. 北京: 中国广播电视出版社, 2006.

附　　录

附录 A　访谈内容分析编码表——顾客认知反应

类目	操作性定义	举例
1. 与服务表现相关的认知		
1.1 服务质量感知	顾客对服务符合要求的程度及卓越性的判断	我本来想只要你组织的好就算了，但是总体感觉上服务质量还有组织都比较差。（I23）
1.2 服务价值感知	顾客对服务所提供利益与自己所付出代价的比较性评价	是觉得不合理，他这个挺不合理的，然后就觉得就不算是物有所值咯，反而觉得是不是我多交一点钱的那种，是不是反而会安排的会比较好，这样子其实也没有省到。（I10）
1.3 服务公平性感知	顾客对服务结果、服务程序以及交往过程公平程度的主观判断	当时就觉得他这种做法是很不合理的，他不应该是这样私自把门票的价格提升上去，而是应该要在收我们 120 元之前，要跟我们说明白一切的缘由，然后再让我们决定去或不去，因为这是附加的一个景点嘛。（I14）
1.4 服务结果与承诺的一致性判断	顾客对实际服务结果与书面或口头承诺一致程度的判断	旅游合同和行程的附件都说明住宿标准为四星级标准，可实际均为普通旅馆，与合同行程上规定完全不符。（C1）
1.5 服务行为的欺骗性感知	顾客对服务提供方是否故意使用欺骗手段让人误信的感知性评估	谁知到了 3 月 9 日，青旅的人打电话告诉我，那个团的人都升级报普吉 4 860 元的团了，让我们两个也跟着报，如果不报的话，我们这个团就得取消，这种不就是变相的要求顾客报多 1 000 元钱的团吗？（C29）
1.6 损失评价	顾客对自己因服务不诚信行为所遭受的损失的评价	旅行社的擅自调整行程导致我的蜜月之旅未按我们预计的进行，对我的新婚蜜月之行造成了不可补救的伤害，我与丈夫的正当利益也受到损害，将我们的蜜月旅行从高品质的豪华团降低为了精品团。（C28）
1.7 严重性判断	顾客对服务不诚信行为严重程度的评价	我们可以理解部分的行程变动或其他方面的调整，但该社该团如此大规模的调整，且均不提前通知，是我们不能接受的。（C35）

168

续表

类目	操作性定义	举例
2.　与事件原因相关的认知		
2.1　责任归因	顾客对行为意图、行为道德性、预知性以及责任分配的推测与判断	本应 4 月 4 日领到的行李，被拖延到 4 月 5 日，旅行社应负完全责任！完全为人为原因。(C1)
2.2　普遍性归因*	顾客对原因的影响范围是局部性还是广泛性的推测与判断	我觉得应该是比较普遍存在的现象吧，在旅行社里面。除非特别过分，否则一些旅客一般也不会去投诉啊或者做些什么其他过激的行为。(C28)
3.　与服务提供方相关的认知		
3.1　对服务员工的诚信评价	顾客对为其提供服务的服务员工是否诚实守信的评价	因为他是当地的一个旅游……所以就感觉可能，那边的导游不是那么诚实。(I14)
3.2　对旅行社的诚信评价	顾客对为其提供服务的旅行社企业是否诚实守信的评价	青旅简直太不讲诚信了，订金都交了，居然因为这种原因把我们报的团取消了，最后虽然把订金退我了，但我实在不能忍受青旅这种欺骗消费者的做法。(C29)
3.3　对旅游目的地的整体印象	顾客对旅游目的地旅游环境的整体印象	让我在此次旅行中备感头痛，对云南这个享有旅游之城之名的地方感到很失望。(C6)
4.　与后续应对相关的认知		
4.1　对企业补偿措施的预期	顾客对旅行社是否会提供补偿以及有可能提供什么补偿、应该提供什么补偿的估计	要求旅行社查处乱拼团的责任人，按照当日常规团 580 元/人，纯玩团 750 元/人的差额进行补差，和违反合同违约责任中第五条规定，承担所交旅游费用 3 000 元的 10%违约金。共计 980 元。(C12)
4.2　对企业应对表现的评价	顾客对旅行社实际应对行为的评价	态度恶劣，没有诚意！19 日、20 日，我们都打电话试图跟旅行社沟通，希望他们不要违反协议，让我们完成行程再回昆明，他们都态度冷淡、强硬，不予解决。(C11)
4.3　对个人应对策略的评价	顾客对自己可以采取以及适合采取哪种应对措施的看法	第二个反应是想应该怎么处理呢？后来想想就被骗了一百多块钱，算了吧，还买了几件玉器呢，就这样不了了之咯。(I6)

类目	操作性定义	举例
5. 与消费决策相关的认知		
5.1 重新评估之前的消费决策	顾客根据旅行社实际服务表现而对原有消费决策作出的反馈性评价	当初就是怕被骗才找了中字开头的旅行社,结果还是被骗了。(C25)
5.2 预期对今后消费决策的调整	顾客根据旅行社实际服务表现而对未来如何改善消费决策的认识	因为他不是很正规,所以觉得以后还是选择正规的旅行社吧。(I29)

注:*普遍性归因仅出现在访谈研究中,网络投诉内容并未涉及。

附录 B 访谈内容分析编码表——顾客情绪反应

类目	操作性定义	举例
1. 一般负面情绪		
1.1 不愉快	因为服务结果的负面性而感觉不高兴、心情不好	什么地方都没去啦,走了一圈,上车的时候我们每个人被要了 100 元钱。我们上车后全部人都对这个觉得很不爽,然后就开始找他交涉说这个地方没什么好玩的,我们要退那 100 元钱什么什么的。(I4)
1.2 不满意	因为服务结果的负面性而对现状感到不满足	签订合同时承诺给我们的住宿标准是准四星,但是实际上给我们住宿的金城宾馆根本不是准四星,两个晚上没有热水,且让我们品质团和常规团的住宿标准一样。我们对此非常不满。(C10)
2. 特定负面情绪		
2.1 愤怒	因为他人对自己造成了伤害而感到生气、愤慨、气愤、情绪激烈	26 日 18 点 45 分起飞的航班改在 27 日凌晨 2 点以后起飞了,我当时就对红眼班机很生气,这还不说我订的 7 天行程无端端的就被缩短成 6 天!(C38)
2.2 失望	因为自己想要的正面结果没有出现而感觉失落、没有希望	以为品牌企业,应该较为诚信。可是行在路上,才知期望越高,失望越大!!!!!(C41)
2.3 焦虑	因为未来的不确定而感觉到内心不安或恐惧	当时在高速公路上的心情是非常急切的……我们的生命安全也受到很大的威胁,然后心情很急迫,就很焦虑那种。(I20)
2.4 其他	服务不诚信行为引发的其他负面情绪,如无奈、悲伤	后来我们就比较生气,但是也没办法嘛,这种(团)价钱又比较低。(I3)

附录 C   访谈内容分析编码表——顾客行为反应

类目	操作性定义	举例
1. 回避行为		
1.1 沉默	顾客没有公开或私下针对不诚信事件或经历发表言论	但是没有想过要维权啊或者什么的，觉得他们也辛苦，就算了。（I28）
1.2 退出	顾客终止与企业的交易关系，不再购买企业的产品或服务	如果有机会再去旅行的话，应该不会选择这家旅行社。（I1）
1.3 转换	顾客更换服务提供商，购买其他企业的产品或服务	因为它不是很正规，所以觉得以后还是选择正规的旅行社吧。（I29）
2. 对抗行为		
2.1 不合作行为	顾客对服务员工的服务行为不予响应，以此来表示自己对某种行为或做法的反对	（导游提前散团）我们也不肯，然后就是不肯让他走，要他给我们办登机牌才能走。（I4）
2.2 报复性投诉	顾客出于惩罚服务员工或企业的目的而向旅行社或第三方机构投诉	我们之后决定去我们学校论坛，BBS 上面发帖……这个是对他们施压比较好的措施。（I20）
2.3 报复性负面口碑宣传	顾客出于惩罚服务员工或企业的目的而进行的负面口碑宣传	以后我会告诉亲朋好友千万别去湖南旅游。而且我会在各大网站和群里进行评论。（C4）
3. 协商行为		
3.1 事中通过协商来解决问题	顾客出于解决问题的目的而与服务一线员工共同商量解决方案	19 日、20 日，我们都打电话试图跟旅行社沟通，希望他们不要违反协议，让我们完成行程再回昆明，他们都态度冷淡、强硬，不予解决。（C11）
3.2 事后向旅行社投诉寻求补偿	顾客为了获得补偿而向旅行社投诉	我与丈夫遵循先沟通协商的原则，此问题已多次与国旅成都分社沟通洽谈。（C28）
3.3 事后向第三方投诉寻求调解	顾客为了在第三方的调解下获得补偿而向第三方投诉	上述事件不仅给我们带来了金钱上的损失，也带来了精神上的损害和永久的阴影。因此，我们要求原票价二倍的赔偿，请予以支持。……这几个月我通过很多网站咨询，但都无果而终。谢谢你们能伸出援手。（C22）
4. 保留行为		

类目	操作性定义	举例
4.1 继续购买企业产品和服务	顾客和之前一样继续购买旅行社的产品或服务	我会多找一两家其他的旅行社进行对比，反正每次首选还是会选回广之旅，但是我会抛出一些其他旅行公司的情况跟他说。(I23)
4.2 选择性购买企业产品和服务	顾客仅购买旅行社的部分产品或服务，或者在特定条件下购买旅行社的产品或服务	比如就是一些短的线路嘛，可能你就觉得他出情况也不会出太大情况，然后就是可能我们一两个人去的话，……，我们就觉得，无所谓啦，反正还可以和他们一起去玩嘛。但是如果以后我再和很多人一起去，或者说我们再有什么团，报团去旅游，人多的话或者说有一些比较重要的人物的话，那我肯定会找一家更好的公司。就是说这个时候会不信任他们。(I24)

附录 D　实验情景与测量变量（实验一）

1. 实验情景

实验条件		情景描述
企业声誉	低声誉	T 旅行社是一家经营出境游、国内游和入境游业务的旅行社。在你所在的城市，T 旅行社有一定的知名度。2009 年至 2011 年，在某报业集团主办的年度"十大最受欢迎旅行社"推选活动中，T 旅行社连续 3 年入选但排名靠后
	高声誉	T 旅行社是一家经营出境游、国内游和入境游业务的旅行社。在你所在的城市，T 旅行社有很高的知名度。2009 年至 2011 年，在某报业集团主办的年度"十大最受欢迎旅行社"推选活动中，T 旅行社连续 3 年入选且排名前三
服务不诚信行为	低严重性	你和朋友报名参加了 T 旅行社推出的国内游线路——EC 豪华 4 天游，报名时，行程单上写着"全程入住海边度假酒店，三晚豪华海景房"。抵达目的地后，你们实际入住的度假酒店位置有点偏，在房间只能从侧面窗户看到一部分海景，房间设施条件和卫生状况一般，和三星级酒店差不多
	高严重性	你和朋友报名参加了 T 旅行社推出的国内游线路——EC 豪华 4 天游，报名时，行程单上写着"全程入住海边度假酒店，三晚豪华海景房"。抵达目的地后，你们实际入住的度假酒店离海边比较远，在房间基本看不到海，房间设施条件和卫生状况差，和普通经济型酒店差不多

2. 操纵检验

（1）企业声誉

• 您认为 T 旅行社：

	非常低	低	比较低	一般	比较高	高	非常高
品牌知名度	1	2	3	4	5	6	7
市场地位	1	2	3	4	5	6	7
品牌声誉	1	2	3	4	5	6	7
受欢迎程度	1	2	3	4	5	6	7

（2）服务不诚信行为严重性

• 您对这件事情的看法是：

	完全不同意	不同意	比较不同意	一般	比较同意	同意	完全同意
这件事情给我带来了很大的不便	1	2	3	4	5	6	7
这件事情对我造成了巨大的损失	1	2	3	4	5	6	7
这件事情非常严重	1	2	3	4	5	6	7

3. 测量变量

（1）感知的期望未满足

• 你报团时对这家旅行社的最初期望，在多大程度上得到了满足？

完全未满足	➜					完全满足
1	2	3	4	5	6	7

• 你报团时对这次旅行的最初期望，在多大程度上得到了满足？

完全未满足	➜					完全满足
1	2	3	4	5	6	7

（2）感知的背叛

• 出现这种情况，让您觉得：

	完全不同意	不同意	比较不同意	一般	比较同意	同意	完全同意
旅行社欺骗了我	1	2	3	4	5	6	7
旅行社背信弃义	1	2	3	4	5	6	7
旅行社故意对我撒谎	1	2	3	4	5	6	7

（3）失望情绪

- 您的情绪反应是：

	非常轻微或没有	轻微	比较轻微	一般	比较强烈	强烈	非常强烈
对服务结果失望	1	2	3	4	5	6	7
对旅行社失望	1	2	3	4	5	6	7
感觉扫兴	1	2	3	4	5	6	7

（4）愤怒情绪

	非常轻微或没有	轻微	比较轻微	一般	比较强烈	强烈	非常强烈
生气的	1	2	3	4	5	6	7
愤怒的	1	2	3	4	5	6	7
气愤的	1	2	3	4	5	6	7

（5）信任信念

- 总的来说，您认为 T 旅行社：

	完全不同意 ⟶						完全同意
非常可靠	1	2	3	4	5	6	7
非常诚信	1	2	3	4	5	6	7
非常值得信赖	1	2	3	4	5	6	7

附录 E 实验情景与测量变量（实验二）

1. 实验情景

实验条件		情景描述
服务不诚信行为情景		您和朋友报名参加了 T 旅行社推出的国内游线路——EC 豪华 4 天游，报名时，行程单上写着"全程入住海边度假酒店，三晚豪华海景房"。抵达目的地后，你们实际入住的度假酒店离海边比较远，在房间基本看不到海，房间设施条件和卫生状况差，和普通经济型酒店差不多。
解释性沟通	无解释	你问 T 旅行社导游，为什么报名时说住海边酒店豪华海景房，现在安排的却不是。导游没有解释原因。
	外因式解释	你问 T 旅行社导游，为什么报名时说住海边酒店豪华海景房，现在安排的却不是。导游解释说，现在是旅游旺季，海边酒店房源紧张，海景房很难预订到。

续表

实验条件		情景描述
员工努力	程度低	你想要更换房间，导游到酒店前台简单问了一两句今天是否有空房。
	程度高	你想要更换房间，导游到酒店前台详细询问了最近三天是否有视野更好的豪华房，或者条件更好的其他客房，并再三确认。
修正性结果	未成功	最后导游告诉你，酒店客房全部住满了，没有空余房间可以更换。
	成功	最后导游告诉你，可以帮你更换一间风景和视野比较好的豪华园景房。

2. 操纵检验

（1）解释性沟通

· 下列说法在多大程度上符合上述情景所描述的事情经过？（请用数字 1～7 进行评价，1 表示"完全不符合"，7 表示"完全符合"）

	完全不符合						完全符合
旅行社导游解释了事情发生的原因	1	2	3	4	5	6	7
旅行社导游将事情的原因解释为企业外部因素	1	2	3	4	5	6	7

（2）努力程度

	完全不符合						完全符合
旅行社导游花了很多时间来帮我	1	2	3	4	5	6	7
旅行社导游努力帮我解决问题	1	2	3	4	5	6	7
旅行社导游没有非常尽力	1	2	3	4	5	6	7

（3）修正性结果

	完全不符合						完全符合
与导游沟通要求换房，最终结果对我来说是好的	1	2	3	4	5	6	7
我得到了我想要的结果	1	2	3	4	5	6	7

3. 测量变量

对"感知的背叛""愤怒情绪""失望情绪"和"信任信念"的测量与实验一相同，仅对"感知的期望未满足"的测量有所调整。

（1）感知的期望未满足

	完全不符合						完全符合
旅行社提供的服务，没有满足我最初报团时的期望	1	2	3	4	5	6	7
总的来说，旅行社的实际服务表现不符合我对它的期望	1	2	3	4	5	6	7